NOUVEAU THÉATRE

DÉDIÉ

A LA JEUNESSE CHRÉTIENNE

Par Mlle GIRARD

CONTENANT :

La fille de Jephté....................	75 c.
La Répétition d'Athalie ou l'Épreuve.....	75
La Jalousie.......................	75
Les Bohémiennes...................	75

—o◉o—

Prix réunis et broché : 2 fr. 50 centimes.

—o◉o—

PARIS
CHARLES GUYOT J^{ne}, LIBRAIRE
Dépositaire de la Librairie C. Cornillac,
2, RUE CASSETTE
—
1855

NOUVEAU THÉATRE

DÉDIÉ

A LA JEUNESSE CHRÉTIENNE.

Propriété de l'éditeur.

Propriété et traduction réservées.

Paris.—Typ. Nouvelle.—V. de Surcy et Ce, rue de Sèvres, 57.

NOUVEAU THÉATRE

DÉDIÉ

A LA JEUNESSE CHRÉTIENNE

Par Mlle GIRARD

CONTENANT :

La fille de Jephté..................	75 c.
La Répétition d'Athalie ou l'Épreuve.....	75
La Jalousie........................	75
Les Bohémiennes...................	75

Prix broché : 2 fr. 50 centimes.

PARIS

CHARLES GUYOT J^{ne}, LIBRAIRE

Dépositaire de la Librairie C. CORNILLAC,

2, RUE CASSETTE

1855

LA FILLE DE JEPHTÉ

PERSONNAGES.

Seia, fille de Jephté.
Thamar, sa nourrice.
Mahala, sœur de Jephté.
Ada, fille de Mahala.
Esther,
Marie,
Noémi,
Saraï,
Sephora,
Therza, } Compagnes d Seia.
Holda, fille du grand-prêtre.
Rachel, jeune princesse de Juda.
Abigaïl,
Noa, } Femmes du palais.
Femmes du palais.
Femmes d'Israël.
Chœur des petites filles.
Chœur des vierges de Lévi.

La scène est à Maspha, dans le palais de Jephté.

LA FILLE DE JEPHTÉ

ACTE PREMIER.

Le théâtre représente l'appartement des femmes ; on voit à droite une table sur laquelle sont disposés des cahiers et divers instruments de musique, des vases à parfums avec des fleurs et quelques-unes de ces bandelettes de pourpre qui servaient pour les sacrifices ; à gauche sont deux corbeilles pleines de couronnes de laurier. Des enfants les entourent et semblent compter les couronnes et les ranger à mesure.

Le milieu du théâtre est occupé par Seia et ses compagnes formant divers groupes ; Seia est sur le premier plan, les mains jointes et levées au ciel ; Ada est à genoux à ses pieds dans l'attitude de l'abattement.

Scène première.

SEIA, ADA, ESTHER, MARIE, NOÉMI, SARAI, SEPHORA, THERZA.

CHOEUR.

Du couchant à l'aurore,
Que notre voix t'implore,
Dieu que la terre adore,
Dieu puissant d'Israël,

Défends, défends nos pères,
Défends, défends nos frères ;
Notre encéns, nos prières
Montent sur ton autel.

SEIA.

Foulant ton héritage,
L'Ammonite en sa rage
Disait : Qui me vaincra !...
Je veux qu'Israël traîne
Avec lui dans ma chaîne,
Le grand Dieu de Sina

ADA (avec véhémence).

L'impie Ammon !...
Souiller ton nom...

TOUTES.

Horreur ! malheur...
L'impie Ammon
Souiller ton nom !...

UNE VOIX.

Ah ! vois nos larmes,
Dieu des combats,

TOUTES.

Et sur leurs armes
Étends ton bras.

UNE VOIX.

Sauve nos pères
A nos prières.

TOUTES.

Suspends tes coups !

UNE VOIX.

Sauve nos pères,
Sauve nos frères.

TOUTES.

Nous t'implorons à deux genoux,
Veille sur eux, veille sur nous.

SEIA.

Suspendons un moment nos cantiques, mes sœurs, le jour paraît et déjà sur les hauteurs de Galaad, tout resplendit aux premiers feux du soleil ; les portes du saint lieu ne peuvent tarder à s'ouvrir. Allons choisir parmi les troupeaux de Jephté un agneau blanc sans tache, ornons-le de bandelettes et conduisons-le nous-mêmes au sacrificateur. Ah ! peut-être le Dieu d'Israël, ce Dieu qui pendant quarante années prodigua les miracles à nos pères, se laissera-t-il enfin fléchir.

NOÉMI.

Oui, sans doute, espérons, mes sœurs, espérons ; cette terre est son héritage, il nous l'a donnée, il la défendra.

SARAI.

Israël dans sa détresse a crié vers lui et, parmi son peuple, il nous a suscité l'intrépide Jephté ; que pouvons-nous craindre : Jephté n'est-il pas invincible si notre Dieu est son appui ?

ESTHER.

Israël sera vainqueur et Jephté reviendra comblé de gloire ; n'en doutons plus, avant la fin du jour, ces couronnes tressées dans les larmes ceindront nos fronts joyeux! Quoi, Seia, vous ne partagez pas nos heureux pressentiments? Quoi, Ada, vous pleurez encore?

SEIA.

Hélas! qui peut prévoir où s'arrêtera le courroux du Seigneur.

MARIE.

Le Seigneur l'a juré et son serment est inviolable; l'héritage d'Abraham ne passera pas en d'autres mains.

ADA.

Le Seigneur a-t-il également juré que les flèches ennemies épargneraient dans le combat le sang des enfants d'Israël!... Ah! quand la terre que nous foulons s'est baignée tant de fois dans une rosée sanglante, quand mes deux frères et mon père en cheveux blancs marchent à la tête de Manassé, vous trouvez étrange que je pleure?

THERZA.

Hélas!

SEIA.

Sans doute, mes sœurs, la voix de la nature ne saurait en un si grand péril demeurer tout à fait muette; mais que nos craintes n'aillent point jusqu'à l'abattement, jusqu'à la révolte. Lève-toi, Ada, sèche tes yeux; montrons-nous les dignes filles des chefs d'Israël et soumettons-nous d'avance à la volonté du Seigneur. O Jehovah, Dieu du désert, nous adorons ta main, qu'elle bénisse ou qu'elle frappe, qu'elle répande la rosée ou bien qu'elle déchire; nous l'adorons toujours. Pour cimenter ton alliance avec ton peuple, quelque soit le

sang que tu demandes, celui du lion ou celu
gneau !... que ton saint nom soit béni.

TOUTES.

Que ton saint nom soit béni !

SEIA.

Les sacrés parvis sont ouverts, venez..... mais Abigaïl
paraît, que veut-elle?

SÉPHORA.

Peut-être un courrier... grand Dieu..... si c'était des
nouvelles du combat.

Scène II.

LES MÊMES, ABIGAIL,

SEIA.

Approchez, Abigaïl, que voulez-vous?

ABIGAIL.

Princesse, c'est une jeune Israélite que Jephté vous
envoie des plaines de Maspha et que Mahala vous
amène.

SEIA.

Faites-les donc entrer sans plus attendre.

Scène III.

SEIA, ADA, MARIE, ESTHER, NOÉMI, SARAI, SE-
PHORA, THERZA, MAHALA, RACHEL (jeunes enfants
autour des Corbeilles).

SEIA (allant au devant de Mahala)

Que le Seigneur soit avec vous, Mahala, ô ma séconde mère ; et vous, madame, soyez la bienvenue dans le palais de Maspha.

MAHALA.

Rachel n'est point une étrangère, Seia, et Jephté vous ordonne de la recevoir comme une sœur. Son père est prince de Juda et les rives du Jourdain l'ont vu naître.

SEIA.

La volonté de Jephté est sacrée en ces lieux ; nos cœurs, du reste, avaient prévenu ses désirs. Soyez donc parmi nous, madame, une sœur, mais une sœur chérie.

RACHEL.

Vos bontés, fille de Jephté, me comblent de joie et de reconnaissance. Ah ! ce jour est, en dépit des cruels dangers qui le signalent, un des plus beaux de ma vie. Si le Seigneur permet que je revoie le toit paternel et les rives écumeuses du Sorec, je veux publier partout combien est aimable l'hospitalité des vierges de Galaad.

MAHALA

Et maintenant, Rachel, satisfaites notre curiosité ; dites nous à quel heureux événement nous devons le plaisir de vous recevoir.

RACHEL.

Je viens des confins de Ruben et je retourne en Juda. L'an passé, vers la fête des tabernacles, une jeune fille de Ruben étant tombée entre les mains des Moabites fut envoyée à Sidon pour y être vendue comme esclave; mais le Seigneur irrité sans doute qu'un pareil outrage fût fait à une vierge d'Iraël, permit que le vaisseau vint échouer sur les rives d'Azer. Mon père s'y trouvait alors;

il sauva la jeune captive et l'amena chez lui, bientôt les liens de la plus douce amitié nous unirent et lorsqu'elle retourna vers les siens, elle me fit promettre d'aller la visiter. Je différai longtemps; enfin vers le milieu du mois des nouveaux blés, mon père, cédant à mes instances, consentit à mon départ, mais déjà de fatals germes de discorde existaient entre nos tribus et l'impie Ammon ; bientôt la guerre éclata. Dès que la nouvelle en fut parvenue en Juda, mon père envoya vers moi Onan, l'aîné de ses fils, avec l'ordre de revenir; je me séparai en pleurant de mon amie et nous reprîmes le chemin de notre pays; mais au moment où nous allions traverser le Jourdain, nous rencontrâmes les volontaires de Juda, qui allaient au secours de leurs frères et Onan, n'écoutant que sa valeur se mit à leur tête et me conduisit au camp, d'où Jephté m'a envoyée près de vous pour y attendre la fin des hostilités.

SEIA.

Que le Seigneur récompense le valeureux Onan, mais alors, Rachel, vous avez vu le camp de Jephté, vous avez vu Israël sous les tentes ?

RACHEL.

J'ai passé tout un jour dans les plaines de Maspha.

SEIA.

Ah parlez-nous, parlez-nous de l'armée du Seigneur.

RACHEL.

Que vous dirai-je, que vous ne sachiez déjà ?

ADA.

Aucun engagement n'avait-il eu lieu ?

RACHEL.

Trois jours avant, Gad et Ammon s'était pris deux fois aux mains, mais ce ne furent que des rencontres isolées. La seconde fois pourtant Gad pliait et, sur ses traces, Ammon pénétrait dans le camp si Jephté ne se fût jeté dans la mêlée et n'eût opposé son bouclier invincible à la fureur des ennemis.

NOÉMI.

Israël pliait, ô Dieu

RACHEL.

Israël est invincible ; mais Dieu voulait faire éclater la gloire de Jephté. Nos guerriers racontent que dans cet instant suprême, on a vu Jephté lever les mains au ciel et invoquer Jehovah ; saisis de respect, les soldats l'imitent et se prosternent ; mais déjà le chef était au milieu des fils d'Ammon, qu'il glaçait de terreur et qu'il précipitait en bas de nos retranchements : La force du Seigneur était en lui.

SEIA.

Par quel encens, mon Dieu, te rendre grâce.

ESTHER.

Israël enfin est demeuré vainqueur ?

RACHEL.

Oui sans doute, mais ces deux faibles combats ne peuvent décider la perte d'Ammon. Lorsque je partis, nos guerriers sortaient du camp et se disposaient à livrer une grande bataille.

SÉPHORA.

Hélas! maintenant tout est décidé.

RACHEL.

Tout est décidé, mais loin de vous abandonner à la tristesse, préparez vos cantiques, ô filles de Manassé, de Gad et de Ruben.

SARAÏ.

Vous espérez?

RACHEL.

J'espère beaucoup.

MAHALA.

Sur quoi se fonde votre confiance, ma fille? que disait votre frère? avez vous parlé à Jephté?

RACHEL.

Je n'ai point parlé au valeureux chef, madame, et quoique mon frère soit brave, il ne peut en rien prévoir l'avenir; mais j'ai vu Israël sous les armes, il est impossible qu'une si belle armée soit détruite.

SEIA.

Heureuse Rachel! à quel magnifique spectacle avez-vous assisté; peignez-nous le du moins, faites-nous partager votre espoir.

TOUTES.

Parlez, parlez.

RACHEL.

Un tel spectacle est bien difficile à peindre par la parole, mes sœurs; néanmoins j'essaierai, puisque vous le voulez.

Gad se précipitait, comme une avalanche, des hauteurs de Galaad, et ses armes jetaient aux premiers feux du jour, des reflets menaçants; vis-à-vis on voyait, sur les bords de l'impétueux Jabok, s'échelonner les fils de Ruben, accourus des rives de la mer Morte à la défense de leurs frères. Tels qu'autrefois notre père Jacob, ils semblaient sur ces bords fameux prêts à défier l'ange du Seigneur.

Entre Gad et Ruben, s'élevait le mont des parfums; ô filles de Manassé, réjouissez-vous! c'était là qu'étaient vos frères, semblables à des lionceaux. Jephté se tenait au milieu d'eux, les princes d'entre vous l'entouraient et portaient ses ordres, on le reconnaissait à son casque étincelant et à sa haute stature; la sagesse l'accompagnait et l'effroi marchait devant lui.

Les volontaires de Juda et les guerriers des tribus occidentales se portaient en avant et jetaient déjà la terreur dans le camp d'Ammon. Voilà ce que j'ai vu ; jamais ce souvenir ne s'effacera de ma mémoire. Mais, tandis que les mains levées vers le ciel je priais le Seigneur de veiller sur nos guerriers, mon chameau s'avançait vers Maspha et bientôt je ne distinguai plus que les hauteurs couronnées de palmiers derrière lesquelles se jouait le sort de nos tribus.

MAHALA.

Et pas encore de nouvelles!

SEIA.

Ne tardons plus, mes sœurs, allons offrir l'holocauste que nous avons promis. Si mes frères sont vainqueurs, je veux que, même avant leur arrivée, l'encens d'actions de grâce fume sur les autels.

THERZA.

Courons, le récit de Rachel nous a rendu l'espoir.

MARIE.

Israël ne peut-être vaincu sur les sables du Jabok.

SÉPHORA.

Non, non, mes sœurs, Israël n'a pas été vaincu. Allons choisir une victime sans tache et revenons ensuite achever nos couronnes et nos chants.

ADA.

Et pourtant nous ne savons encore rien de certain.

ESTHER.

Rachel arrive à peine, la nouvelle de la victoire pouvait-elle donc précéder son arrivée?

SEIA.

Non sans doute. (A part, pendant que les jeunes filles se disposent à sortir) Cependant un guerrier emporté par un coursier rapide, laisse loin derrière lui la pacifique monture d'une jeune fille.

ADA.

Que dites vous, Seia?

SEIA.

Rien, Ada, prends courage. Allons, mais parmi nous je ne vois pas Holda?... Fille du grand prêtre, c'est elle qui doit mener nos chœurs. (Elle appelle) Abigaïl! (Abigaïl paraît). Faites savoir à Holda que ses sœurs l'attendent au palais (Abigaïl sort). Demeurez, fille de Juda, reposez-vous ; avant d'aller au temple nous vous appellerons.

Scène IV.

MAHALA, RACHEL.

MAHALA.

Que votre récit, ma fille, me jette en d'étranges angoisses; Israël ne réparerait de longtemps la perte d'une armée si belle, et l'heure serait venue pour nous de peupler d'esclaves les marchés de Sidon.

RACHEL.

Eloignez ces terreurs, madame; Dieu combat pour Jephté, et nos guerriers montrent plus de confiance que vous en un chef si habile.

MAHALA.

Oui, Jephté est brave; moins que personne je veux mettre en doute sa bravoure, moi qui suis sa sœur, moi qui seule osai le soutenir contre les fils injustes de Galaad; mais le Seigneur est-il désarmé?

RACHEL.

Depuis sept fois sept jours Israël pénitent a brisé ses idoles et s'est purifié dans la cendre et le cilice.

MAHALA.

Je poursuivrai le crime, a dit l'Eternel, jusqu'à la quatrième génération.

RACHEL.

Mais pourtant, à la prière de notre père Abraham, Dieu faisait grâce à Sodôme, si Sodôme eût renfermé dix justes: ne vous en souvient-il plus?

MAHALA.

Il est vrai, et vos paroles, ma fille, me font rougir de mon peu de foi. Oui, Seigneur, ta miséricorde est immense et si tu poursuis le crime des pères jusque sur les enfants, tu reportes aussi sur la tête des pères les bénédictions que l'innocence arrache de tes mains; les cris de nos vierges sont montés jusqu'à toi. Ah! si jamais, à la voix d'une sœur ou d'une fille, la force divine est descendue sur le bras d'un guerrier, qui plus que Seia fut digne de cette faveur!

Scène V.

MAHALA, RACHEL, THAMAR.

THAMAR (regardant autour d'elle depuis la porte).

Ou donc est Seia? ou sont ses compagnes? Je les croyais ici.

RACHEL.

La princesse et ses compagnes sont sorties; mais elles vont revenir.

MAHALA.

Que leur voulez-vous, Thamar, avez-vous quelque nouvelle à donner à Seia?

THAMAR (s'avançant).

Non, je cherche Séphora, sa mère la fait demander, car la désolation est grande dans la maison de Samgar.

MAHALA.

La désolation!... pourquoi, qu'est-il arrivé?

THAMAR.

Un événement étrange et dont nul ne sait que penser.

MAHALA.

Vous m'effrayez!...

THAMAR.

Voici le fait, jugez-en vous-même. Vous connaissez Joram, fils de Samgar?

MAHALA.

Celui qui combattit le prince d'Ammon et lui enleva ses armes?

THAMAR.

Non, celui qui après avoir vu Jephté à Silo, quitta tout pour le suivre à Tob et qui depuis ce jour a partagé ses travaux.

MAHALA.

J'y suis maintenant, c'est ce jeune homme si habile à conduire un coursier, que Jephté le charge toujours de porter ses ordres?

THAMAR.

Celui-là même.

MAHALA.

Eh bien?

THAMAR.

Il a été trouvé ce matin privé de connaissance, sur les bords du puits de Jothan.

MAHALA.

Joram, fils de Samgar!

THAMAR.

Oui.

MAHALA.

Mais n'était-il point parti avec Jephté?

THAMAR.

Nous l'avons vu, de nos propres yeux, suivre le chef au combat.

MAHALA.

Alors, comment expliquer !....

THAMAR.

Son retour? Personne ne le peut assurément d'une manière positive; cependant comme il était couvert de poussière, et qu'à ses pieds gisait son cheval expirant, on a supposé que chargé par le chef de quelque commission pressée, il a mis trop d'ardeur à la course et que son cheval s'est abattu avant d'arriver.

MAHALA.

Et vous dites qu'il était sans connaissance?...

THAMAR.

On l'a transporté chez son père; mais à peine a-t-il ouvert les yeux qu'une fièvre délirante a troublé ses esprits et l'a empêché de répondre aux questions dont on l'accablait. Il se meurt.

MAHALA.

Mais il est impossible qu'une course aussi peu longue...

THAMAR.

On a trouvé près de lui son casque à moitié rempli d'eau, ce qui fait présumer que, couvert de sueur et voyant son cheval abattu, il a puisé de l'eau pour se désaltérer et continuer sa route ; mais contre son attente la fraîcheur perfide de cette eau a glacé son sang et la mis en ce cruel état.

MAHALA.

Malheureux jeune homme, peut-être allait-il sécher nos larmes en nous annonçant la victoire.

THAMAR.

Je crois qu'il apportait plutôt à Maspha les ordres du chef ; les seules paroles qu'il prononce dans son délire sont celles-ci : « Voici ce qu'ordonne Jephté... »

MAHALA.

Et l'on n'a pu en tirer autre chose

THAMAR.

Je vous l'ai dit, il est expirant.

MAHALA.

Vous alliez chercher sa sœur?

THAMAR.

Pour qu'elle le vît une dernière fois. Peut-être aussi la présence de Séphora pourra-t-elle opérer sur lui une commotion salutaire; il la chérit si tendrement.

MAHALA.

Que le Seigneur vous entende. Séphora s'est rendue avec la princesse dans la prairie voisine pour y choisir l'agneau qui doit être offert au Seigneur.

THAMAR.

J'y vais en toute hâte.

Scène VI.

MAHALA, RACHEL.

MAHALA.

Que pensez vous, ma fille, d'un accident si étrange, et que faut-il que nous fassions?... Assurément cet infortuné était porteur d'ordres importants, sa funeste précipitation en est la preuve ; comment obéir, que va dire Jephté?

RACHEL.

Puisque vous m'interrogez, madame, je dois vous révéler toute ma pensée : Je crains que cet accident ne se rattache à un événement mystérieux dont tout le camp s'étonne et que jusque-là j'avais cru devoir vous taire.

MAHALA.

Un événement mystérieux?

RACHEL.

Depuis quelques jours, Jephté toujours si calme, paraît tourmenté d'un noir pressentiment; ceux qui l'entourent n'osent interrompre les méditations profondes qui l'absorbent, il s'irrite sans sujet, s'apaise sans motif et semble redouter également la victoire et la défaite. Son sommeil lui-même se ressent du trouble de son âme et l'on entend pendant la nuit des paroles de malédiction sortir de sa bouche.

MAHALA.

Quel terrible secret, ô Dieu, pèse donc sur le cœur de Jephté !

RACHEL.

Personne jusque-là n'a osé l'interroger, quoique sa tristesse paraisse inconcevable.

MAHALA.

Inconcevable en effet, et qui me glace de terreur !... Mais j'entends Seia et ses compagnes ; allons rejoindre Séphora et unissons nos efforts aux siens pour faire parler Joram. (Elle sort).

Scène VII.

SEIA, ADA, MARIE, ESTHER, NOÉMI, SARAI, THERZA, RACHEL.

SEIA.

Nous voici de retour, aimable Rachel, le sacrificateur est averti et la victime est prête ; mais Holda, je le vois, n'est pas encore arrivée.

RACHEL.

Je n'ai vu personne.

ADA.

Elle toujours la première à la tête de nos chœurs, pourquoi tarde-t-elle si longtemps ?

ESTHER.

Elle ne l'ignore pas, nous aimons, lorsque nous nous présentons devant le Seigneur, qu'une fille de Lévi soit avec nous.

NOÉMI.

Eh qu'importe, n'avons-nous pas Seia ?

THERZA.

Partons sans elle. (Elles prennent les bandelettes et les guirlandes).

SEIA.

Non mes sœurs, attendons un instant; Holda n'était peut-être pas libre lorsque nous l'avons fait avertir; vous le savez, c'est sa voix qui près de l'autel guide les chœurs des vierges de Lévi. Dès qu'elle le pourra, j'en suis certaine, elle se rendra à notre appel.

MARIE.

Achevons alors les préparatifs du triomphe, je ne sais quel pressentiment m'avertit qu'Ammon est défait. (Elle s'approche des couronnes).

SEIA.

O Dieu! puissent ces apprêts ne pas être inutiles, puisse votre pressentiment se réaliser, heureuse Marie!. je voudrais espérer et je n'ose le faire.

CHANT.

Dieu saint, Dieu du désert, toi qu'Israël adore
Qui d'un souffle puissant renverse les vainqueurs,
Mais qui soutiens le bras de l'humble qui t'implore,
  Combats avec tes serviteurs.

Quand ta voix du chaos, appela la lumière,
La lumière parut en disant : me voici!
Et c'est ta voix encor, invincible barrière,
Qui dit aux flots émus, arrêtez-vous ici.

TOUTES.

Dieu saint, Dieu du désert, etc.

ADA.

Seigneur, tu l'as juré par ta toute-puissance
Souviens-toi de Mambré, souviens-toi du Sina;
Cette terre, le prix de l'antique alliance,
Cette terre est à nous; défends-nous, défends-là;

TOUTES.

Dieu saint, Dieu du désert, etc.

SEIA.

De l'Egypte au Jourdain, des Cèdres à la plaine
Nous avons entendu tes sermens immortels ;
Lève-toi sur Ammon, c'est ton nom qu'il blasphème,
Frappe! et que l'univers te dresse des autels.

TOUTES.

Dieu saint, Dieu du désert, etc.

SEIA.

Qu'entends-je?... (On entend un bruit confus de voix).

SEIA.

Abigaïl?... (Abigaïl paraît) qu'y a-t-il?

ABIGAIL.

Une troupe de femmes et d'enfants sont à la porte et demandent la princesse.

SEIA.

Que me veulent-elles?

ABIGAIL.

Je l'ignore.

SEIA.

Qu'elles entrent.

Scène VIII.

Les mêmes. Quelques femmes. (Elles se tiennent sur le dernier plan, deux seules s'avancent à quelques pas de la princesse.)

SEIA.

Que me voulez-vous, filles d'Israël, quel sujet vous amène ?

UNE FEMME.

Princesse, pardonnez à notre anxiété, un guerrier a été vu à la porte du grand prêtre, son coursier couvert de sueur et son armure ensanglantée témoignent assez qu'il vient d'assister au combat : Israël est-il vainqueur ?

SEIA.

Je n'ai reçu aucune nouvelle du combat.

AUTRE FEMME.

Qui cependant doit en être informé avant vous ?

SEIA.

Je vous le répète ; je n'ai point vu le courrier dont il s'agit.

PREMIÈRE FEMME.

Comment se fait-il que le grand prêtre ne vous fasse pas prévenir ; depuis quand le chœur des vierges manque-t-il au retour d'une armée triomphante ?... Les monts de Galaad nous ont-ils donc été funestes ?

SEIA.

Que dites-vous là, grand Dieu !

DEUXIÈME FEMME.

Si la valeur de Jephté nous a trompés, si le Seigneur s'est retiré de nous, dites-le, princesse, afin que nous fuyons; car ce soir peut-être les fils d'Ammon entreront en maîtres à Maspha.

SEIA.

Hélas! autant et plus que vous je me sens défaillir d'anxiété ; mais, quel qu'en soit le motif, Jephté ni le grand prêtre ne m'ont rien fait dire. Nous allions au temple, venez avec nous, toutes ensemble nous interrogerons les fils de Lévi.

(On entend au loin le nom de Holda, qui d'abord indistinct, s'approche de plus en plus.)

ADA.

Quel nouveau tumulte. (Elles écoutent.)

TOUTES.

Holda !

SEIA.

Holda!... Dieu, je tremble, nous allons savoir la vérité.

Scène IX.

LES MÊMES, HOLDA (Elle entre entourée de femmes et d'enfants, son front est ceint d'une couronne. Les compagnes de Seia se rangent à droite, les petites filles emportent les corbeilles à gauche, les femmes se tiennent dans le fond. Le milieu du théâtre est occupé par Holda ayant Seia à sa droite, Ada et Rachel à sa gauche.)

SEIA (au moment où Holda paraît.)

La voilà !... (Elle fait quelques pas) Holda... (à part) je n'ose l'interroger.

HOLDA.

Bénissez le Seigneur, filles d'Israël, bénissez son nom qui est saint... Jephté est vainqueur!...

SEIA ET ADA.

Merci, Seigneur, Dieu des armées, merci!...

TOUTES.

Bénissons le Seigneur.

SEIA.

Merci à vous aussi, Holda, pour cette heureuse nouvelle, Jephté vainqueur!...

HOLDA.

Le Seigneur par ses mains a frappé l'impie qui avait osé dire où donc est le Dieu de Silo?... Ammon s'enfuit en poussant des cris de terreur, vingt de ses cités sont en flammes et ses filles désolées se penchent sur les hauteurs, hâtant de leurs vœux le retour des guerriers... qui ne reviendront jamais...... Qu'ainsi périssent, ô Seigneur, tous tes ennemis!

ADA.

Mais nos pères, nos frères?

HOLDA.

Les guerriers arrivent dans quelques heures. A peine la victoire était-elle achevée, Jephté impatient de rassurer Israël, charge l'élite des soldats de poursuivre l'ennemi et reprend avec l'armée le chemin de Maspha; devant lui cependant il envoie deux courriers: Azarias chargé d'annoncer la victoire au grand prêtre et Joram qui vous était adressé; mais ce dernier n'a pas encore paru.

SEIA.

Joram... si prompt et si habile à manier un coursier... Que fait-il si longtemps en chemin ?

HOLDA.

Nul doute que pendant la nuit il se soit égaré dans les montagnes, car il est parti une heure avant Azarias.

SEIA.

Nous allons le voir arriver. Oublions donc nos alarmes, mes sœurs, faisons retentir de cris de joie les voûtes de ce palais. (Pendant ce qui suit les compagnes de Seia ceignent leurs couronnes,) O Jephté, ô mon père, je vais te revoir !... que ce jour est beau il consacre ta gloire, les siècles futurs se souviendront de toi !... ma voix, qui tant de fois s'est élevée pour demander ton triomphe, va donc enfin le célébrer ; ah ! je veux être la première que tes yeux verront aux portes de Maspha.

(Ses compagnes s'approchent et lui mettent sa couronne; l'une d'elle lui apporte sa harpe.)

ADA.

Hatons-nous; ils ne peuvent être loin.

SARAI.

Nos cantiques sont prêts, nos harpes sont tendues, partons.

HOLDA.

Arrêtez, le grand prêtre prépare une hostie expiatoire pour achever de rendre le Seigneur favorable au retour de l'armée; que quelques-unes d'entre vous me suivent au temple avec l'agneau que vous aviez choisi.

SEIA.

Eh quoi, Holda, vous ne venez pas avec nous?

HOLDA.

Non, l'ordre de mon père m'appelle ailleurs; mais trois d'entre vous suffisent à m'accompagner. Therza, Saraï, Esther, venez. Filles d'Israël, je ne vous retiens plus; nous nous reverrons au temple. (Holda sort avec Therza, Esther et Saraï.)

ADA.

Partons, mes sœurs, partons.

NOÉMI.

Que personne ne nous devance.

SEIA. (Aux femmes.)

Que quelques-unes d'entre vous, mes sœurs, restent ici et ornent avec soin le logis de Jephté; qu'il trouve en y rentrant des fleurs sous ses pas. (Elles sortent en chantant.)

CHANT.

D'Azer à Siméon, du lieu saint au portique,
Une voix a crié : Bénissons le Seigneur;
C'est lui, c'est l'Éternel, c'est le Dieu magnifique,
Que les siècles futurs célèbrent sa grandeur,
C'est par lui qu'Israël rentre aujourd'hui vainqueur.

(Les femmes et les enfants suivent les jeunes filles, Abigaïl et quelques femmes restent seules; elles regardent d'abord s'éloigner la foule, puis elles rentrent et se mettent à ranger les corbeilles. Scène muette)

Scène X.

ABIGAIL ET QUELQUES FEMMES, SÉPHORA

SEPHORA (avec précipitation).

Seia! Seia!.....

TOUTES.

Qu'y a t-il?

ABIGAIL.

Que voulez-vous, Séphora?

SEPHORA (avec des cris).

La princesse où est-elle?... Abigaïl, où est-elle?

ABIGAIL.

Elle est partie.

SEPHORA.

Partie... elle... où donc? de quel côté?

ABIGAIL.

Au devant du chef. Mais au nom du ciel, qu'avez-vous?

SEPHORA (avec un geste de désespoir.)

Partie! mon Dieu!... et voici les paroles sorties enfin des lèvres de Joram! — Que sous peine de la vie, Seia ne passe point le seuil de son appartement: tel est l'ordre de Jephté.

ABIGAIL.

Grand Dieu! que dites-vous; mais elle ne saurait-être loin; courez, vous la rejoindrez.

ACTE II.

Scène première.

ABIGAIL, femmes du palais, jeunes enfants portant des fleurs et des couronnes.

ABIGAIL.

Hatons-nous, ils ne peuvent tarder; (elles s'occupent à attacher des guirlandes de fleurs aux tentures,) en bien y réfléchissant, je crois que Séphora à tort de s'affliger sur les paroles d'un homme en délire ; déjà sans doute la tendre Seia est dans les bras de son père et ni l'un ni l'autre n'imagine qu'au logis on pleure à leur sujet. Bala, posez ici ce vase de fleurs; Elise, emportez ces débris de feuillage ; plus haut, plus haut, Bala, votre guirlande barre la moitié de la porte.

UNE PETITE FILLE.

Qu'ils se font attendre.

ABIGAIL.

Patience, ils viendront assez tôt pour que vous vous troubliez.

AUTRE PETITE FILLE.

Et pourquoi nous troublerions nous?

UNE FEMME.

Quoi ! vous soutiendrez sans pâlir les regards de Jephté ?

LA PETITE FILLE.

Assurément.

ABIGAIL.

Plus haut, Bala, plus haut vous dis-je; croyez-vous donc que Jephté soit de la taille de la petite Lia.

BALA.

Vraiment petite Lia, vous seriez une courageuse enfant de ne point vous intimider à l'aspect de Jephté, devant qui tremblent Ammon et ses dieux.

LA PETITE FILLE

Jephté, terrible pour l'impie Ammon, est pour nous un père plein de douceur; et ce n'est pas du sang d'un enfant que se teindra jamais sa redoutable épée.

ABIGAIL (courant à elle et l'embrassant.)

Chère enfant, que le Seigneur te fasse croître en sa grâce, belle comme Sara, sage comme Rébecca, aimable comme Rachel.

AUTRE PETITE FILLE.

Nous aussi nous verrons Jephté sans pâlir; dès qu'il paraîtra, nous jetterons des fleurs sous ses pieds.

BALA.

N'allez pas les lui jeter à la figure.

TOUTES.

Soyez sans crainte.

ABIGAIL

Direz-vous bien votre chant?

LES PETITES FILLES.

Vous allez voir. (Elles chantent).

Petits enfants, que notre voix s'élève
Et chante aussi nos pères triomphants;

L'enfance hélas, n'est dit-on qu'un beau rêve
Chantons, chantons, avant qu'il ne s'achève
    Petits enfants.

Pour vous chanter, nos voix faibles encore
Jusques à vous ne peuvent pas monter ;
Le plus beau jour commence par l'aurore,
A nos accents laissez le temps d'éclore
    Pour vous chanter.

Scène II.

LES MÊMES, MAHALA, ESTHER, SARAI, THERZA.

(Les femmes achèvent de ranger l'appartement et se retirent).

ESTHER (à Mahala).

Je vous l'ai dit, madame, nous revenons du temple où nous avions accompagné la fille du grand prêtre ; nous ignorons complétement ce qui s'est passé.

SARAI.

Nous pouvons cependant vous affirmer que les guerriers ne sont point encore sur la place de Maspha ; nous venons de la traverser, elle est déserte.

MAHALA.

Mais n'avez-vous entendu ni le bruit des clairons n les chœurs de musique du côté de la porte orientale?

ESTHER.

Nous avons entendu de ce côté un bruit semblable à celui d'une troupe nombreuse, mais il ne s'y mêlait ni les accords du clairon, ni les paroles sacrées des cantiques.

MAHALA.

Pas encore à Maspha ! Tenez, mes filles, tout ce que je vois, tout ce que j'entends, me fait présager un malheur.

SARAI.

Eh que pouvez-vous craindre ? Israël vainqueur n'a pas à déplorer la mort de son vaillant chef ; c'est à l'impie Ammon qu'il convient de répandre des larmes.

MAHALA.

L'orage le plus terrible suit toujours une belle journée.

ESTHER.

Sans doute; mais puisqu'enfin le Seigneur réconcilié avec nos tribus leur a donné la victoire.

MAHALA.

J'en conviens, mais pourtant.... (elle aperçoit Therza qui s'est assise tristement à l'écart). Qu'avez vous Therza ?

THERZA.

Madame.....

MAHALA.

Pourquoi cette tristesse ?

THERZA.

Elle n'est pas motivée

MAHALA.

Songez, ma fille, que vos réticences peuvent me faire supposer de plus grands malheurs que ceux qui nous menacent peut-être.

THERZA.

C'est que nous venons du temple offrir avec Holda une victime expiatoire.

MAHALA.

Eh bien ?

THERZA.

Le prêtre a refusé l'holocauste.

MAHALA.

Le prêtre a refusé l'holocauste !

THERZA.

Nous l'avons trouvé prosterné le front dans la poussière, et tellement absorbé dans ses pieuses méditations que le bruit de nos pas n'a pu l'en tirer. Holda s'est approchée de lui : Fils d'Aaron, a-t-elle dit, voici un agneau d'un an et sans tache, que Seia envoie pour victime expiatoire, et du doigt elle lui montrait la victime que nous tenions à quelques pas par les bandelettes sacrées. Le prêtre alors s'est relevé. Filles de Manassé, répondit-il, remmenez cet agneau à la prairie ; le Seigneur est irrité. Désignez une autre victime, interrompit Holda. — Ma fille, a répondu le sacrificateur, Dieu y pourvoira. Pleines de terreur, nous nous sommes retirées pendant qu'Holda allait interroger là-dessus le grand prêtre lui-même.

MAHALA (à Esther et à Sarai).

Vous venez de l'entendre.

SARAI (tristement).

Tout ce qu'elle a dit est exact.

MAHALA.

Le Seigneur est irrité et le prêtre refuse d'indiquer une victime.

THERZA.

Il a dit que Dieu y pourvoirait.

MAHALA.

Et cette réponse me fait frémir ! (aux petites) ah ! chères enfants, Lia, Orpha, déposez ces corbeilles, jetez de côté ces couronnes !... Je ne puis tenir au trouble de mon âme ; venez avec moi, mes filles, allons vers les portes orientales et voyons enfin Jephté. (elles vont pour sortir, Thamar paraît du côté opposé.)

Scène III.

MAHALA, SARAI, ESTHER, THERZA, THAMAR.

(Les petites filles jouent dans le fond du théâtre).

THAMAR.

De grâce arrêtez un instant, Mahala, et répondez-moi.

MAHALA.

Que me voulez-vous ?

THAMAR.

D'où vient que de toutes parts la tristesse se répand ici ; ce jour n'est-il pas un jour de fête ? où est Seia, où est le chef ?

MAHALA.

Je vous ferai, Thamar, les mêmes questions ; comme vous je sens qu'un orage menace sans pouvoir reconnaître de quel côté il éclatera.

THAMAR.

Je ne rencontre que des visages pleins d'effroi; on refuse de répondre à mes questions, on m'évite, on parle de je ne sais quel ordre de Jephté qui défend de passer le seuil du palais ; qu'est-ce que tout cela signifie ? qui cet ordre regarde-t-il ? est-ce que Seïa et ses compagnes ne sont pas sorties ?

MAHALA.

Comme vous je suis au comble de l'étonnement et ce qui se passe me semble inexplicable.

THAMAR.

Interrogez les femmes du palais, elles n'oseront refuser à la sœur de Jephté des explications que je leur ai vainement demandées.

MAHALA.

Et qui interroger ?

THAMAR.

Noa sait tout.

MAHALA (aux petites)

Allez jouer dans les jardins, mes enfants, et dites à Noa de venir me parler (les petites sortent.)

Scène IV.

Les mêmes, NOA.

MAHALA.

Que se passe-t-il, Noa ? vous savez quelque chose, parlez.

NOA.

Je ne sais rien au juste.

THAMAR.

C'est vous pourtant qui tout à l'heure parliez aux servantes et aux esclaves lorsqu'elles se sont dispersées à mon aspect.

NOA.

C'est vrai.

MAHALA.

Que leur disiez vous ?

NOA

Je racontais ce que j'ai vu de loin.

MAHALA.

Qu'avez-vous vu ?

NOA.

L'entrevue du chef et de la princesse vers la porte orientale.

MAHALA.

Leur entrevue, eh bien ?

NOA.

Seia, au milieu de ses compagnes s'avançait vers le chemin de Galaad, le chef et les guerriers venaient du côté opposé. Montée sur une tour, je regardais de loin. Jephté, à l'aspect des jeunes filles, s'était arrêté et à son exemple l'armée tout entière avait fait halte... Que s'est-il passé alors ? Je ne sais ; mais soudain nous avons vu Jephté faire deux pas en arrière et s'appuyant à l'épaule de Jabel le Nazareen, se couvrir le visage de son manteau. Presque au même instant des cris ont éclaté, mêlés à de longs gémissements ; nous avons prêté l'oreille, mais ces clameurs indistinctes ne nous ont rien appris et saisies de terreur nous avons repris le chemin du palais dès que le cortége du chef a eu passé les portes.

THAMAR.

Mais au moment où ils ont passé au pied de la tour, vous les avez vus, vous les avez entendus.

NOA.

Je les ai vus sans doute ; ils étaient tristes et les vierges avaient encore les yeux baignés de pleurs.

MAHALA.

Que disaient-ils ?

NOA.

Le plus lugubre silence régnait parmi cette multitude; on eût dit qu'Israël, au lieu de le ramener victorieux, assistait aux funérailles de son chef.

THAMAR.

Mais que disait le peuple dans les rues, sur les places...?

NOA.

Les rues et les places sont désertes, tout le monde est au temple.

THAMAR.

Doutez-vous encore que quelque malheur soit suspendu sur la maison de Jephté ?

MAHALA.

Non je ne doute plus, Thamar, mais j'ai peur et je n'ose aller plus avant dans ce redoutable secret (Noa sort).

Scène V.

LES MÊMES HOLDA.

ESTHER, SARAI, THERZA.

Holda !

MAHALA.

D'ou venez-vous, fille d'Aaron ?

HOLDA.

Du logis du grand prêtre.

THAMAR.

Que se passe t-il donc ?

HOLDA.

Hélas !

THAMAR.

Parlez, parlez, au nom du ciel, parlez.

HOLDA.

Vous le saurez trop tôt.

MAHALA.

Trop tôt !... Dieu d'Israël, de quel nouveau désastre la maison de Galaad est-elle donc frappée, Jephté ?...

HOLDA.

Jephté revient sain et sauf ; vous allez le revoir.

THAMAR.

Et Seia ?... Seia, ma fille, l'enfant de mes soins et de mon amour ?

HOLDA.

Seia..... hélas ! ne m'interrogez point.

TOUTES.

Seia, eh bien... achevez.....

HOLDA.

Vous allez le savoir ; voici ses compagnes.

Scène VI.

LES MÊMES, ADA, RACHEL, MARIE, NOÉMI, SEPHORA.

(Les compagnes de Scia entrent, jettent à terre leurs couronnes et s'enveloppent dans leurs voiles en pleurant; les autres jeunes filles vont à elles et les interrogent).

ESTHER.

Marie, qu'y a-t-il donc ?

MARIE.

Malheur! malheur!

THERZA (en même temps).

Noémi, Noémi... Dieu comme vous pleurez (Noémi pleure sans répondre).

ADA. (se jetant dans les bras de Mahala).

Ma mère, ô ma mère! venez à notre secours.

MAHALA.

A votre secours! mais calme-toi, mon Ada, et explique-toi.

ADA.

Seia, notre Seia...

MAHALA ET THAMAR.

Eh bien?

ADA (d'une voix déchirante).

Seia va mourir.

THAMAR, MAHALA ET LES TROIS JEUNES FILLES.

Mourir ?...

ADA.

Ma mère, vous la sauverez ?...

MAHALA.

Mais tu t'égares, ma fille, reviens à toi; Seia mourir... mourir quand Jephté revient vainqueur ?

SÉPHORA.

Jephté !... le cruel..... c'est lui qui la condamne.

THAMAR.

A mourir ?... Seia, sa fille, son unique enfant ?

MAHALA.

Mais pour la condamner, de quel crime est-elle donc coupable ?

NOÉMI.

Tout Israël rend hommage à ses vertus, tout Israël public ses louanges; Les femmes, les enfants, les guerriers eux-mêmes versent des larmes; son père, seul, est impitoyable.

THAMAR.

Mais quelle fureur sanguinaire la saisi; sa fille est-elle donc de la race maudite d'Ammon ?

RACHEL.

Hélas ! Jephté est peut-être plus à plaindre que Seia elle-même.

MAHALA.

Qui peut l'obliger ?...

RACHEL.

Un vœu imprudent, Jephté pendant un combat,

voyant Israël plier, leva les mains vers le Seigneur et voua en holocauste la tête du premier être vivant qu'il apercevrait en rentrant chez lui.

TOUTES.

Grand Dieu !

RACHEL.

Nous l'avons vu, ce père infortuné, chercher d'un œil hagard sa fille parmi nous : — Mon seigneur !... s'est écriée la princesse en sortant soudain de nos rangs. Le chef l'aperçoit, pâlit, se trouble et cache son visage sous son manteau. Tremblante à ce sombre accueil, Seia se jette aux pieds du guerrier. — O Seigneur, ô mon père, ne me reconnaissez-vous point, dit-elle ; je suis votre unique enfant, tournez les yeux vers moi !... Jephté ne répondit pas, mais nous l'entendîmes murmurer ces mots : — Joram, où donc es-tu ?... tu m'as trompé !

MAHALA.

Joram..... hélas ! l'affreuse vérité se dévoile.

RACHEL.

Seia était toujours à genoux. — Seigneur, dit-elle, qu'ai-je donc fait pour mériter votre colère ? Le chef à ces mots à relevé la tête. — Ma fille, a-t-il répondu lentement, vous êtes aujourd'hui pour moi une cause de mortelle douleur, car j'ai élevé contre vous ma voix vers le Seigneur et je ne puis retirer ma parole. Il nous instruisit ensuite du vœu qu'il avait fait.

ESTHER.

Et Seia ?

RACHEL.

Mon père, a répondu Seia, faites de moi ce que vous avez juré ; j'étais heureuse de vivre pour célébrer votre gloire, puisque mon sang doit la consacrer, je recevrai la mort avec soumission.

THAMAR.

Et ces paroles n'ont pas désarmé Jephté?

RACHEL.

Nous le vîmes changer de couleur. Ah, s'écria-t-il, en déchirant ses vêtements, plus vous êtes soumise, plus je suis malheureux; je serais plus fort contre vos larmes. Et s'appuyant à l'épaule d'un jeune Nazaréen qui se tenait à sa droite, il se mit à pleurer.

THAMAR.

Il a pleuré, espérons.

MAHALA.

Ah ! je connais Jephté, il ne faiblira point.

THAMAR.

Il pourrait consentir?...

SARAI.

J'entends quelqu'un... Dieu ! c'est elle.

Scène VII.

LES MÊMES, SEIA.

MAHALA.

Seia, infortunée Seia !

THAMAR.

Seia, ma fille chérie!

SEIA.

O fille de Galaad, ô ma bonne nourrice, je le vois à vos larmes, vous connaissez mon sort.

MAHALA.

Cela peut-il être vrai?

THAMAR.

Jephté prodigue de son sang, oserait-il porter sur vous sa main parricide?

SEIA.

N'accusez pas Jephté, Thamar, Mahala, vous toutes mes chères compagnes, que votre affection pour moi ne vous rende pas injuste envers lui; ce n'est pas Jephté, c'est Jéhovah lui-même qui me condamne.

MARIE.

Jéhovah commanderait-il une action aussi barbare?

SEIA.

Parlez-leur, Holda, dites-leur que la volonté divine doit s'accomplir ici comme elle s'accomplit dans les cieux. Hélas! en voyant ce que je vais quitter, je sens que les larmes me gagnent à mon tour. (Elle s'assied, ses compagnes l'entourent.)

HOLDA.

Que leur dirai-je! après que le Seigneur lui-même s'est fait entendre?

THAMAR.

Et si Jephté, séduit à son insu par les sacriléges coutumes d'Ammon, à osé vouer au Dieu d'Israël un sang dont il ne pouvait disposer sans un crime, si ce serment est un serment impie, si le Seigneur est irrité contre lui, doit-elle donc en porter la peine?

TOUTES.

Non, non; que la colère de Jéhovah dévore le coupable et qu'elle épargne l'innocent.

SEIA (se levant avec effroi).

Que dites-vous!... voulez-vous combler d'horreur les derniers instants de ma vie! quelle cruelle amitié vous emporte! ah! si comme vous le dites, le Seigneur est irrité contre Jephté, si mon sang doit les réconcilier, que béni soit celui qui répandra mon sang. Quelque tristesse que j'éprouve en quittant la vie, Jephté est mon père, mais un père que j'aime de toutes les forces de mon cœur, et bien loin de détourner la malédiction de moi pour la reporter sur sa tête vénérée, je l'appelle de tous mes vœux. O Seigneur, toi qui tiras nos pères de l'Egypte et qui leur parlas dans les foudres du Sinaï, conserve à ton peuple un si valeureux chef, et si ta justice demande une victime, me voilà!... Que les crimes d'Israël retombent sur ma tête, que ta colère me consume et que tu sois à jamais glorifié!

TOUTES (En détournant la tête et avec diverses inflexions de douleur).

Seia! Seia!

SEIA.

Séchez vos larmes, mes sœurs; ce jour doit-être un jour de fête.

NOÉMI.

Si c'est un jour de fête, votre sang ne peut le souiller.

SEIA.

Je suis la victime.

SARAI.

Dieu n'en peut accepter une semblable.

THERZA.

Que Jephté en choisisse une autre.

SEIA.

Mes sœurs...

THAMAR.

N'y a-t-il pas en Israël d'autres victimes pures ? sommes-nous soumises à l'impie Dagon ou bien au cruel Moloch, altéré de sang humain ? Jephté a promis son enfant, le barbare, il ira jusqu'au bout ; mais si tout Israël se jetait entre elle et lui, il faudrait bien que sa fureur soit inutile.

SEIA.

Ecoutez-moi...

SÉPHORA.

Vous ne pouvez mourir !

ADA.

Non, elle ne peut mourir ; est-ce donc dans le sang d'une fille d'Israël que les lauriers des vainqueurs doivent se tremper.

TOUTES.

Elle ne peut mourir. (Toutes se groupent autour de Ada.)

ADA.

Ecoutez-moi, filles de Manassé de Gad et de Ruben; c'est assez de larmes, il est temps d'agir. Jephté est le chef suprême d'Israël, mais nos pères, nos frères sont des chefs aussi et des chefs respectés ; sortons de ce palais, courons à eux ; si Jephté est impitoyable, ils ne le sont pas ; faisons parler nos pleurs, défendons Seia !

SEIA (d'un ton suppliant).

Ada, mes sœurs !...

ADA.

Qu'attendons-nous ? que ses larmes nous abattent, que ses prières nous subjuguent ; défions-nous de sa soumission ! Père dénaturé, nous saurons l'arracher de tes mains ! et toi, Jéhovah ne permets pas que le sang innocent souille aujourd'hui tes augustes parvis.

TOUTES.

Partons, partons.

SEIA.

Arrêtez.

HOLDA.

Qu'allez-vous faire ? Ne reconnaissez-vous pas la volonté divine déjouant elle-même la prudence paternelle ; allez-vous, filles d'Israël, vous élever contre Dieu ?

ADA.

Nous allons en suppliantes embrasser les genoux de nos pères et susciter à notre compagne infortunée des amis et des défenseurs. Pour vous, cruelle fille du grand prêtre, si des hauteurs divines de l'éternel Sina où Dieu se découvre sans voile aux enfants privilégiés d'Aaron, vous ne pouvez descendre aux faiblesses d'une affection mortelle ; allez prévenir vos frères que la victime va leur échapper. (Aux jeunes filles) vous, mes sœurs, suivez-moi. (Elles sortent).

Scène VIII.

SEIA, MAHALA, THAMAR, HOLDA, RACHEL.

SEIA (à Thamar et à Mahala.)

Arrêtez-les, je vous en prie.

MAHALA.

Que faire ?

THAMAR.

Laissez, laissez agir ces enfants. Qui peut répondre que le Seigneur, satisfait de la foi de Jephté, ne les anime pas lui-même; reconnaissez-vous Ada, toujours si douce et si soumise ? Peut-être sont-elles les anges envoyés pour arrêter le bras du nouvel Abraham.

MAHALA.

Puissiez-vous dire vrai.

SEIA.

Ah! je vous en conjure, retenez ces cœurs désolés, que Jephté ne suppose pas....

MAHALA.

Si comme Thamar le dit, Jéhovah s'était laissé fléchir?...

SEIA.

Le croyez-vous?... se pourrait-il?... non, non l'arrêt du Seigneur est irrévocable.

MAHALA.

Laissez-les faire, rien n'arrivera que le Seigneur ne le permette. Je ne puis croire que Dieu soit avide de votre sang, peut-être n'est-ce qu'une épreuve terrible imposée à la foi de Jephté. Venez avec moi, Seia, que votre voix cherche à le désarmer ; il est père, obtenez au moins que le sacrifice soit retardé et qu'on essaie enfin de fléchir le courroux céleste.

SEIA.

Moi! que je le prie d'épargner ces tristes jours condamnés par l'éternel!... que j'aille porter de nouveau le trouble et la douleur dans ce cœur déjà brisé! jamais.

THAMAR.

Comment, vous aussi! vous, Seia? nous aurons à vous fléchir! ah! fille trop soumise, votre vertu tient à la barbarie. Mais si vous n'avez pitié de vous-même, si vous quittez sans regrets cette vie où tout vous souriait, songez à ceux que vous laissez plus malheureux et plus désolés que vous : ces compagnes qui ont partagé jusque-là toutes vos joies; cette noble Mahala, qui vous nomme sa fille; cette douce Ada, que votre mort laissera inconsolable; songez à ce père même, dont vous craignez de déchirer le cœur. Le Seigneur, si prodigue envers lui de ses autres bienfaits, ne lui donna que vous pour peupler son foyer et soutenir ses derniers jours ; vous êtes la joie de ses yeux et la couronne de son front. Lorsque les ans auront courbé sa haute stature, que son armure sera trop lourde et que la vieillesse lente et glacée le retiendra près de l'âtre, quel visage lui sourira comme un lointain souvenir de ses jeunes années? Et lorsque l'heure sera venue pour lui de rejoindre ses pères, il faudra donc qu'un étranger reçoive son dernier souffle et lui ferme les yeux !... Je ne vous parle pas de moi, hélas! vous ai-je quittée d'un instant depuis le jour où votre mère expirante vous remit entre mes bras ; vos yeux s'ouvraient à peine et j'étais jeune encore, c'est près de vous que j'ai vieilli, loin de ma famille, dans les vallées de Tob, c'est pour vous que j'ai renié les miens et que je suis demeurée seule au monde : Ma vie est enchaînée à la vôtre ; cruelle Seia, si vous voulez mourir, ordonnez donc qu'on immole avant vous cette vieille amie qui n'a plus rien à faire ici-bas quand vous n'y serez plus.

SEIA.

O ma nourrice, en quel trouble vous me jetez.

MAHALA.

Rendez-vous, rendez-vous, ma fille, au nom de vos compagnes, au nom de Thamar, au nom de Jephté lui-même, essayons encore le pouvoir de vos larmes sur son cœur.

SEIA.

Vous le voulez? j'y consens ; tentons ce dernier effort. Et toi Seigneur, ne t'offense point; quel que soit ton arrêt, j'y souscris d'avance et je ne te demande en ce moment suprême que de mettre ta sagesse en Jephté afin qu'il accomplisse ta volonté divine.

CHANT.

Toi, qui d'une sainte allégresse,
Comblas les jours de ma jeunesse,

Toi qu'ont célébré tous mes chants,
Et qui des cieux contemples ma misère !

HOLDA ET SEIA.

Dieu qui toujours, sensible à nos accents,
Laisse aux mortels désarmer ta colère,

TOUTES.

Nous n'espérons qu'en toi, Seigneur,
N'es-tu pas le Dieu de clémence ;

Mets sur $\left\{\begin{array}{l}\text{ses}\\\text{mes}\end{array}\right\}$ lèvres l'éloquence

Et de Jephté daigne amollir le cœur.

ACTE III.

Scène Première.

ADA, ESTHER, SARAI, NOÉMI, SEPHORA, THERZA, MARIE, RACHEL. (Les jeunes filles sont assises tristes et abattues.)

RACHEL (paraissant sur le seuil).

Mes sœurs ?

TOUTES.

Que voulez-vous ?

RACHEL.

Seia n'est point ici ?

TOUTES.

Nous ne l'avons pas vue.

RACHEL.

O Dieu ! elle est encore avec le chef.

MARIE.

Puisse-t-elle le fléchir.

RACHEL.

Je ne l'espère pas, c'est à regret qu'elle a consenti à l'implorer et si la vieille Thamar ne l'en eût suppliée à genoux...

NOÉMI.

Cependant un père est toujours père.

ESTHER.

Pourrait-il la voir périr sans que tout son sang ne se soulevât pour elle.

RACHEL.

Jephté en a sans doute le cœur déchiré ; mais pour la sauver comptez plutôt sur vous et sur vos frères. Vous les avez vus, sont ils demeurés insensibles, tout Israël l'a-t-il condamnée ?

SARAI.

Nos frères n'étaient que trop disposés à la défendre.

RACHEL.

Mais alors que faites-vous ici ? (toutes font un geste de découragement, Rachel se tourne vers Ada). Ada ?

ADA.

Nous avions réussi au-delà de notre espérance ; répandues dans nos familles, à genoux aux pieds des chefs, nos larmes nous rendaient éloquentes. Les guerriers s'animent, nous les entraînons au palais, le peuple nous suit, la rumeur est bientôt au comble. —

Comment, s'écriait-on de toutes parts, le Dieu d'Israël va-t-il donc de même que les Dieux des nations exiger que nous lui offrions nos enfants en sacrifice, sauvons la princesse, sauvons-là ! On entoure le palais, on demande à grands cris Seia, la porte s'ouvre et Jephté se montre. — Hommes de Maspha et vous guerriers, que voulez-vous ? — La princesse ne peut mourir, répond-on de toutes parts. — Plaignez-vous au Seigneur ! Les pleurs redoublent, l'indignation ne connaît plus de bornes, le tumulte se change en révolte. — Entourons le palais, s'écrient les guerriers, gardons l'appartement des femmes et que la princesse n'en puisse sortir. Jephté se vit sur le point d'être dépossédé violemment de l'autorité suprême ; hélas ! nous ne nous attendions pas à ce qu'il dût trouver contre nous un auxiliaire puissant.

RACHEL.

Un auxiliaire ?...

ADA.

Oui, au seuil de cette porte dont Jephté essayait en vain de défendre l'entrée, une vierge paraît ; à son aspect un silence profond se fait dans cette multitude.

RACHEL.

C'était elle !

ADA.

C'était-elle. En la voyant Jephté changea de visage ; l'infortuné ! peut-être au fond du cœur bénissait-il la révolte qui, lui arrachant le pouvoir, lui laissait son unique enfant ; mais Seia s'est avancée. — Hommes de Maspha et vous guerriers, dit-elle, cessez, cessez de dé-

.endre contre Dieu même une vie qui lui appartient.
Puis se tournant vers Jephté : Seigneur, ne croyez pas
que votre fille, indigne de vous, approuve cette révolte
contre votre autorité sacrée; périsse mille fois Seia, plutôt que la gloire du chef d'Israël. Si ces hommes font
un pas de plus, frappez-moi vous-même à leurs yeux
et que le seuil de ce palais devienne ainsi la pierre de
l'autel.

RACHEL.

Hélas !

THERZA.

Tout était fini ; les glaives sont rentrés aux four-
reaux, le rassemblement s'est dissipé, et l'infortunée
Seia a suivi Jephté.

ADA.

Et maintenant, il n'y a plus qu'à livrer la victime au
sacrificateur.

Scène II.

LES MÊMES, SEIA. (En la voyant, ses compagnes détournent
la tête et font entendre une exclamation de douleur).

SEIA.

Pourquoi pleurer, ô mes compagnes, pourquoi détourner vos regards ? Ah ! plutôt venez autour de moi,
pressez-moi dans vos bras, et que votre amitié fidèle
me soutienne en ce moment suprême.

SEPHORA.

Si vous l'aviez voulu !

SEIA.

Le pouvais-je, Sephora ? pouvais-je racheter ma vie

au prix de la gloire de Jephté? J'aimais la vie sans doute ; mais je saurai mourir sans murmurer.

ADA.

Et nous, nous, vos compagnes ; ah ! cruelle, nous quittez-vous sans regrets ?

SEIA.

Pourriez-vous le croire, mes sœurs !... vous seules, à mon heure dernière, m'arrachez des soupirs !... Douce et sainte amitié bénie par Jéhovah !... liens de fleurs qui m'enchaînez à la terre, que mon cœur saigne en vous brisant !

(Les jeunes filles pleurent sans répondre).

SEIA.

Il le faut, cependant; le sacrifice s'apprête, et les courts instants accordés à la victime s'écoulent avec vitesse. Courage, mon âme, tu touches enfin à la véritable terre promise et tu n'as mis que seize ans à passer le désert ! O Sara! ô Rebecca ! ô Rachel ! que vos bras maternels s'ouvrent à la triste fille de Joseph et de Manassé !...

Écoutez-moi, mes sœurs, écoutez pour la dernière fois cette voix qui vous fut chère, cette amie que désormais vous appelerez en vain sur les montagnes de Galaad et dans nos riantes solitudes de Tob. Ce que je laisse en ce palais vous appartient, gardez-le en souvenir de moi.

Esther, tu prendras ma harpe, mais que tes pleurs n'en mouillent point les cordes; hélas! en répétant tes accents, les échos de nos montagnes croiront m'entendre encore.

A vous, Saraï et Therza, mes colliers et mes bracelets ; à toi, Marie, mes voiles et mes rubans.

Noémi, emporte dans la maison de ton père les fleurs que je cultivais de ma main et les oiseaux que j'aimais à nourrir. A toi enfin, ma chère Sephora, mes agneaux, mes brebis caressantes et mes fuseaux chargés de laine deux fois teinte dans la pourpre brillante.

SEPHORA.

Gardez, Seia, gardez ces funestes présents ; Dieu ! pourrions-nous sans mourir de douleur partager ainsi vos dépouilles !

TOUTES.

Non, non, jamais.

SEIA.

O Ada, ô ma sœur... Petite fille comme moi de Galaad et comme moi de la race bénie de Manassé, je te lègue, à toi, la douleur de Jephté ; deviens sa fille, sois le soutien de sa vieillesse, console-le, et puisses-tu lui faire oublier qu'une vierge en Israël l'appela jadis du nom de père.

ADA.

Seia!... pourrai-je vous survivre ? quelle tâche imposez-vous à ma douleur.

Scène III.

Les mêmes, MAHALA.

SEIA.

Et vous aussi, avant que je quitte le palais, venez recevoir mes adieux. Hélas ! mon cœur vous donnait le doux nom de mère, on n'eut pas besoin de m'enseigner à vous aimer. Et pourtant, jusqu'à ce jour, j'ignorais combien vous m'étiez chère.

MAHALA.

O ma fille ! que cette victoire va coûter de pleurs à Israël.

NOÉMI.

Tout espoir est-il donc perdu ?

ADA (d'une voix suppliante).

Ma mère !

(Mahala secoue la tête).

Scène IV.

Les mêmes, THAMAR.

THAMAR.

Et moi, Seia, mourrez-vous sans penser à moi ?

SEIA.

Sans penser à toi, que dis-tu, ô Thamar, ô ma bonne nourrice ! Hélas ! je les redoutais, ces funestes adieux, je les redoutais pour toi, pour moi, je priais

Jéhovah de nous les épargner ; Jéhovah ne l'a pas voulu.

THAMAR.

La laisserons-nous donc périr ?

SEIA.

Quand Dieu lui-même m'a condamnée, quel bras serait assez hardi pour entreprendre de m'arracher à la mort ?

THAMAR.

Non, tu ne peux mourir ; je ne t'ai point bercée avec tant d'amour pour qu'une main barbare t'immole, pour que la terre s'abreuve de ton sang, pour qu'un peuple cruel fasse de ton agonie un spectacle. Tu n'es plus la fille de Jephté, puisqu'il répudie le sacré caractère dont l'Éternel l'avait revêtu, tu es la fille de Thamar. Que lui dois-tu de plus qu'à moi ? aurait-il pu d'un jour prolonger ta faible existence lorsque la mort t'enleva ta mère ; aurait-il pu, de ses rudes mains de guerrier, réchauffer tes membres délicats sans risquer de les briser ?... Il le comprit alors, car il versa des larmes, lui dont le cœur est pourtant aussi dur que le granit de Thèbes ou de Memphis ; ces larmes, je n'y fus pas insensible : je laissai tout ce qui m'était cher pour prendre auprès de toi la place de Salomith. Eh bien, je te suivrai à l'autel, il me verra pleurer à mon tour, et s'il détourne les yeux, je lui rappellerai qu'il me promit autrefois un soutien pour ma vieillesse, et je lui demanderai si c'est ainsi que le chef d'Israël tient sa parole.

SEIA.

Tais-toi, tais-toi, ma bonne nourrice; épargne-moi, je t'en supplie, ces tristes scènes; hélas! en vous quittant ne suis-je pas assez malheureuse! et Jephté en perdant sa fille unique, n'est-il donc pas assez à plaindre?

THAMAR.

Comment, c'est lui que tu plains et notre douleur te trouve insensible?

SEIA.

Insensible, mon Dieu!

THAMAR.

Oui, je te suivrai à l'autel, puisque tes amis t'abandonnent, puisque tout Israël te condamne, moi seule je te défendrai; et pour te saisir, il faudra que le sacrificateur me frappe la première (à Mahala). Vous, si vous plaignez son sort, si vous l'avez jamais aimée, venez avec moi; la voix de ces enfants a soulevé un orage, à combien plus forte raison la vôtre.....

MAHALA.

Thamar, on ne nous verra pas à l'autel; les portes du palais sont fermées pour vous, pour moi, pour ses compagnes.

THAMAR.

Comment?

MAHALA.

Elle doit marcher seule, au milieu des filles de Lévi, tel est l'ordre du grand-prêtre, tel est l'ordre de Jephté. N'accusez pas mon cœur, hélas! je l'ai défendue au point d'irriter contre moi notre chef : voyez mes pleurs et dites si je l'aime.

THAMAR.

Est-ce par des pleurs qu'il faut en ce danger lui prouver notre tendresse ; je saurai bien, moi, trouver un chemin...

SARAÏ.

Qu'entends-je ?

VOIX LOINTAINES [1].

Comme ces feuilles desséchées
Qu'entraînent les vents du Carmel,
Ainsi s'envolent nos années ;
Jéhovah seul est éternel !

THERZA.

Quelles sont ces voix lointaines qui chantent un cantique ?

(Voix se rapprochant).

Nos jours s'effacent comme l'ombre
Au premier rayon qui paraît ;
Jéhovah seul en sait le nombre,
Il les tranche quand il lui plaît.

TOUTES.

Ce sont elles !

(Voix derrière le théâtre).

J'ai vu les flots de la tristesse
Déborder autour de mon cœur ;

---

[1] Ce chant doit être doux et triste comme une psalmodie.

Mais j'ai crié, dans ma détresse;
J'ai crié devant le Seigneur.

SEIA.

Ce sont les filles de Lévi.

Scène V.

LES MÊMES, HOLDA, CHOEUR DES VIERGES DE LÉVI.

(Chant sur le théâtre).
Tu m'accables de ta puissance,
Des vivants tu m'as retranché,
Pourtant, Seigneur, dans l'innocence
Devant ta face j'ai marché !

SEIA.

La victime est résignée, Holda, elle va vous suivre.

THAMAR.

Et c'est vous, Holda, qui la conduirez à l'autel ?...

HOLDA.

J'obéis.

THAMAR.

Avancez-vous, venez jusqu'ici, fille du grand-prêtre, que nous puissions juger de quel œil vous la verrez mourir.

HOLDA (faisant quelques pas).

Que dites-vous, Thamar ?

THAMAR.

Est-ce que tout votre cœur ne se soulève pas pour elle ?

HOLDA.

Eh que puis-je faire ?

ESTHER.

Ne pourriez-vous supplier à genoux le grand-prêtre ?...

HOLDA.

Mais ce n'est pas le grand-prêtre, c'est Jephté, ou plutôt c'est l'Éternel lui-même qui la condamne.

SARAÏ.

Ah ! si le grand-prêtre l'eut défendue, sa voix aurait touché le Seigneur ; et si Holda l'avait voulu...

NOÉMI.

Mais Holda est aussi insensible que le flot débordé de l'Hyeromax.

SEIA.

Mes sœurs !

MARIE.

Oui, son cœur est insensible ; se charger d'un ministère odieux !

ADA.

Venez donc nous l'arracher !

SEIA.

Silence, mes compagnes ; et vous Holda, pardonnez, la douleur les égare.

HOLDA.

Qu'entends-je ?... on m'accuse, on me reproche son malheur ; eh que puis-je, moi, sinon obéir et me taire, quand le grand-prêtre et le chef ont parlé ?

SEPHORA.

Nous avons, nous, armé nos frères en sa faveur.

HOLDA.

C'est Jéhovah qui tient sa vie, j'ai prié Jéhovah. O filles de peu de foi, considérez et voyez où l'a conduite votre révolte et la prudence de son père : Joram expire et nos guerriers ont déposé en pleurant les armes parricides dont vous les aviez armés.

ADA.

Vous triomphez !

HOLDA.

Qui, moi ! que je triomphe de sa mort ; peuvent-elles le croire ?

THAMAR.

Défendez-là donc.

HOLDA.

Contre Dieu lui-même ?

THERZA.

Dieu ? ce n'est point Dieu qui la condamne.

ADA.

Notre Dieu n'est pas un Dieu cruel.

RACHEL.

Le sang innocent lui serait-il donc agréable ?

SEIA.

Mes sœurs !

HOLDA.

Que dites-vous ?... (Se retournant vers les vierges de Lévi). O filles de Lévi, répondez-moi, sommes-nous en Israël ?

ESTHER.

Oui, Holda, oui, vous êtes en Israël, nous ne blasphémons pas, Dieu est bon.

ADA.

Un Dieu altéré de sang serait-il...

HOLDA (l'interrompant).

Silence !

NOÉMI.

Accordez donc, si vous le pouvez, la bonté de Dieu avec cet affreux sacrifice.

HOLDA (plus fort).

Silence !...

THERZA.

Répondez et nous nous soumettrons.

TOUTES.

Parlez, parlez.

HOLDA.

Filles audacieuses, ce n'est pas moi, c'est Dieu que vous interrogez ; ce n'est pas moi, c'est lui que vous prétendez juger. Mais avant de mettre dans la balance votre sagesse et celle de Jéhovah, écoutez ce que dit le Seigneur et répondez vous-mêmes : « Où étiez-vous quand je jetais les fondements de la terre ? Dites-le moi si vous le savez ?

« Où étiez-vous quand les anges du ciel saluèrent en chœur les astres nouveaux que j'attachais au firmament ? Où étiez-vous quand j'enfermai dans ses barrières la mer sortie frémissante du sein maternel, et que je lui dis : Tu n'iras pas plus loin ?

« Est-ce vous qui commandez à l'aube matinale ? Est-ce vous qui fixez à l'aurore la place où elle doit paraître pour envelopper le monde et chasser les impies devant sa lumière ?

« Avez-vous marché sur les gouffres de la mer? êtes-vous descendus dans les profondeurs des abîmes? les portes de la mort se sont-elles ouvertes devant vous? parlez donc si vous le pouvez.

« Où est le séjour de la lumière? où est le séjour des ténèbres? Vous le savez, car alors sans doute vous étiez déjà ; le nombre de vos jours est si grand !

Serait-ce vous qui avez formé le lien des pléiades et dénoué le nœud d'Orion, vous qui appelez les éclairs et à qui la foudre répond : Me voici !

« Donnez-vous au lionceau la pâture, aux petits du corbeau leur proie, savez-vous réduire au joug le taureau indompté?

« Avez-vous instruit l'autruche à confier ses œufs au sable brûlant? Est-ce vous qui donnez à l'épervier ses ailes puissantes, et l'aigle qui monte au-dessus des nues obéit-elle à vos commandements?

« Je vous interroge, répondez-moi, vous qui prétendez détruire l'équité de mes jugements et me condamner moi-même pour vous justifier. » [1]

TOUTES.

Holda !...

HOLDA.

Quoi ! vous demeurez muettes, vous êtes accablées, vous dont la sagesse est pourtant supérieure à celle de Jéhovah !...

ADA.

Nous avons péché contre Dieu !

[1] Job.

TOUTES.

Nous avons péché contre Dieu !

HOLDA.

Puisse le Seigneur en rejeter la faute sur la douleur qui vous accable ; et vous, fille de Jephté, montrez que la vertu d'Isaac brille encore parmi nous.

SEIA.

Je vous suis. (Elle va se placer au milieu des vierges de Lévi, puis se retourne et s'écrie) : Adieu donc, adieu pour la dernière fois, toit vénéré de mes pères, montagnes embaumées, rives chéries de l'Hyeromax, mes yeux ne vous verront plus ; adieu mes compagnes, ma seconde mère, ma nourrice, mon Ada ; demain, hélas ! vous me chercherez et vous ne me trouverez point, vous m'appellerez et je ne répondrai pas...

TOUTES.

Adieu, adieu, Seia...

(Chant des filles de Lévi).
Quel sort à mon sort est semblable ?
Mais l'âme soumise au Seigneur
Est une tente impénétrable
Où n'entre jamais la douleur.

Scène VI.

MAHALA, THAMAR, ADA, RACHEL, ESTHER, NOÉMI, SARAI, SEPHORA, MARIE, THERZA.

(Scène muette de douleur, puis Thamar se lève et va pour sortir).

ADA.

Où allez-vous?

THAMAR.

Au temple.

MAHALA.

Voulez-vous encore lutter contre Dieu? hélas!

THAMAR.

Lutter contre Dieu, non ; mais mourir avec elle.

ADA.

Attendez-moi.

MAHALA.

Où voulez-vous aller? que prétendez-vous faire? des soldats gardent la porte de la maison de Jephté.

ADA.

Essayons, essayons toujours.

MAHALA.

Reste, Ada, je t'en supplie.

ADA.

Rester? oh! non, c'est impossible.

THAMAR.

En coûte-t-il beaucoup de faire un suprême effort?

MAHALA.

Venez donc.

(Elles sortent, les jeunes filles se groupent pour les regarder).

ESTHER.

Dieu ! elles reviennent.

MAHALA (en rentrant).

Vous voyez ; je vous le disais bien.

THAMAR.

Ses yeux mourants chercheront un visage ami et n'en trouveront point !...

Scène VII.

LES MÊMES, ABIGAIL.

ABIGAÏL.

Il y a encore une porte au fond du jardin ; peut-être n'est-elle point gardée ?

TOUTES.

Courez, Abigaïl, courez vous en informer. (Abigaïl sort).

MAHALA.

Que ferez-vous dans le temple, malheureuse Thamar ? quel dessein vous pousse ?

THAMAR.

Le sais-je ?... demandez à la brebis pourquoi elle suit en bêlant le lion qui ravit son agneau.

SARAÏ.

Ne plus la revoir !

NOÉMI.
Notre Seia.

MARIE.
Hélas! tu brillais parmi les filles d'Israël comme un lys au milieu d'un parterre, comme une rose dans les vallées de Saron.

SEPHORA.
Ta voix était douce à entendre comme une source dans les prés, comme le bruit d'une pluie abondante sur un champ stérile.

THERZA.
Quel est le faible qu'elle n'ait point soutenu, le pauvre qu'elle n'ait point nourri : répondez, vous qui l'avez connue ?

ADA.
Hélas! elle était secourable à l'étranger et au vieillard, à l'agneau de l'étable et au passereau des champs.

RACHEL.
Malheur! malheur! Pleurez, filles de Galaad, prenez le deuil, montagnes des parfums, celle que vous aimiez vous a quittées pour toujours.

ABIGAÏL (en rentrant).
La porte n'est point gardée.

ADA.
Dieu soit béni !

THAMAR.
Viens, ma fille, courons. (Elle va pour sortir, puis recule et s'écrie) : Holda !

TOUTES.

Holda !

ADA.

Ah ! ciel ! le sacrifice est consommé ; Seia n'est plus !

Scène VIII.

LES MÊMES, HOLDA.

HOLDA.

Seia est pleine de vie, et le Seigneur est satisfait. Réjouissez-vous, filles d'Israël ; faites retentir l'air de vos cantiques, vierges de Galaad, et que ce jour soit à jamais célébré.

TOUTES.

Ciel !

HOLDA.

J'ai voulu moi-même vous en apporter l'heureuse nouvelle.

ADA.

Quel miracle, ô Seigneur, la rend à nos larmes.

HOLDA.

Nous touchions aux portes du temple ; tout Israël pleurait ; le pâle Jephté se tenait sous les parvis, on eût dit que lui-même allait recevoir le coup mortel. Seia s'avance calme et les mains jointes, elle priait tout bas. Lorsqu'elle fut près de l'autel : — Seigneur, dit-elle au sacrificateur, ne prolongez pas ma sanglante agonie ;

et se tournant vers moi : Recevez mes adieux, chère Holda, et soyez bénie pour m'avoir aidée à mourir. Cependant le grand-prêtre sort du lieu saint ; il marche vers l'autel, tout radieux de la gloire du sanctuaire. Des cris d'effroi, un silence terrible annoncent son arrivée ; mais lui, sans regarder si la victime est prête, monte les degrés, et se tourne vers le peuple : Israël et toi, Jephté, dit-il, prêtez l'oreille à ma parole ; voici ce que dit le Seigneur qui vous a tiré d'Égypte :

« Je suis satisfait de la foi de mon serviteur Jephté, et le sang innocent a trouvé grâce en ma présence. Que Seia ne soit point immolée, mais qu'elle soit consacrée à mon culte, et qu'enfermée dans le secret du saint lieu elle y demeure en paix durant une longue suite de jours, sans qu'aucun autre que moi ait des droits sur sa vie. Je consens néanmoins à ce que la vieillesse de Jephté s'appuie sur elle parce que c'est son unique enfant. »

A ces paroles, des cris de joie ont éclaté, et le sang d'une génisse blanche a coulé sur l'autel. Seia est maintenant dans les bras de son père ; le grand-prêtre lui a donné un mois pour aller sur les montagnes prier et chanter avec vous avant de se vouer au sanctuaire. Venez, elle vous attend, elle brûle de sécher vos pleurs, venez. Mais surtout, filles d'Israël, n'oubliez plus, au milieu des épreuves dont la vie est semée, que la soumission aux ordres de l'Éternel est le premier devoir, et peut-être aussi le premier échelon du bonheur.

(Chant).

D'Azer à Siméon, du lieu saint au portique,
Une voix a crié : Bénissons le Seigneur !
C'est lui, c'est l'Éternel, c'est le Dieu magnifique,
Que les siècles futurs célèbrent sa grandeur,
Il nous rend aujourd'hui la paix et le bonheur.

FIN DE LA FILLE DE JEPHTÉ.

Paris — Typographie nouvelle — V. de Surcy, rue de Sèvres, 37.

LA RÉPÉTITION D'ATHALIE

PERSONNAGES.

Madame DE MAINTENON.
Madame la Directrice de Saint-Cyr.
La princesse ANNE-MARIE.
FRANÇOISE, parente de Madame de Maintenon.
LOUISE, fille d'un proscrit.

HENRIETTE,
HORTENSE,
AURE,   } grandes élèves.
ATHÉNAÏS,
MARIE,

SOPHIE,
CHARLOTTE, } petites élèves.
VICTOIRE,

ROSETTE, femme de chambre de la princesse.
THÉRÈSE, fille de service à Saint-Cyr.

LA RÉPÉTITION D'ATHALIE

OU L'ÉPREUVE,

COMÉDIE EN DEUX ACTES.

ACTE PREMIER.

Scène première.

THÉRÈSE, ROSETTE.

THÉRÈSE (d'un ton bourru.)
En un mot comme en cent, que voulez-vous enfin?
ROSETTE.
En un mot comme en cent, puisqu'il faut avec vous parler bref, et bien que ce ne soit pas tout à fait la même chose, (à part) elle est bonne de vouloir, qu'on dise en un seul mot ce qu'on a le droit de dire en cent, Madame... ou Mademoiselle... je ne sais?
THÉRÈSE.
Madame ou Mademoiselle, ce n'est pas de cela qu'il s'agit.
ROSETTE.
Si, voyez-vous, la politesse exige...

THÉRÈSE.

(à part) O patience!... (haut) que voulez-vous enfin? vous décidez-vous à le dire?

ROSETTE.

Là, ne vous fâchez pas, je vais vous l'expliquer en deux mots, puisque vous aimez, à ce qu'il paraît, les gens qui sont brefs.

THÉRÈSE (à part,)

Quelle langue !

ROSETTE.

Eh?... comment dites-vous?

THÉRÈSE (à part.)

L'impertinente !

ROSETTE.

Plaît-il ?

THÉRÈSE (à part.)

Elle aurait besoin de deux ou trois mois de retraite.

ROSETTE.

Si vous continuez de parler entre vos dents, je ne pourrai pas vous répondre et ce sera votre faute.

THÉRÈSE (à part.)

Je crois bien que ce ne sera pas la sienne.

ROSETTE.

Dam ! je m'en lave les mains.

THÉRÈSE.

Ecoutez : j'ai beaucoup à faire, je vous laisse ; quand vous aurez fini de causer, vous sonnerez et je reviendrai. (Elle va pour sortir).

ROSETTE.

Attendez, attendez un moment; ne va-t-elle pas imaginer que j'ai refusé de lui répondre! je viens de la part de *quelqu'un* pour dire *quelque chose* à madame la Directrice de Saint-Cyr, êtes-vous satisfaite?

THÉRÈSE.

C'est à madame la directrice que vous voulez parler?

ROSETTE.

A elle-même, si la chose est possible, car je ne voudrais pas...

THÉRÈSE (l'interrompant).

Cette nécessité de faire tant de façons pour une chose aussi simple; tête d'étourneau!... (Elle va pour sortir et s'arrête sur le seuil). De la part de qui venez-vous?

ROSETTE.

De la part de quelqu'un.

THÉRÈSE.

Quelqu'un, quelqu'un, ce n'est pas un nom; ça.

ROSETTE.

Le nom, je le dirai à madame la Directrice; en attendant vous pouvez toujours lui annoncer que c'est quelqu'un... là... vous comprenez... quelqu'un...

THÉRÈSE.

Dites au moins qui vous êtes, vous?

ROSETTE.

(air *connu*).

Moi, mon nom n'est point un mystère
Je le dis au premier venu;

Et j'y joins celui de mon père,
Mes titres et mon revenu.
Rosette est mon nom, ma mignonne,
Pour fortune j'ai mes deux bras ;
Et sans porter une couronne
Je me moque des potentats.

THÉRÈSE.

Quelle tête ! enfin vous vous nommez Rosette ?

ROETTES.

Comme vous le dites, ma toute gracieuse.

THÉRÈSE.

Mais Rosette est un nom de baptême ; je ne sais si madame la Directrice....

ROSETTE.

Ajoutez que j'ai bonne mine,
Que je sors de bonne maison,
Que je ne sens pas la cuisine,
Mais le boudoir et le salon ;
Dites-lui......

(Thérèse hausse les épaules et sort)

Scène II.

ROSETTE (seule).

Eh bien, eh bien !... elle me laisse seule ?... ah ! la triste maison, mon Dieu, et quel cerbère que cette fille-là (elle se promène d'un bout à l'autre du salon en inspectant chaque objet) Voyez un peu ce que tout cela ressemble. Quelle singulière idée Son Altesse a-t-elle eue de venir passer huit jours à Saint-Cyr? et quelle idée plus singulière encore de m'emmener avec elle, moi qui..... Tenez je crois que rien que le temps que j'y ai passé cela m'a donné des vapeurs; que veut-on que je fasse ici, moi? au milieu de quatre-vingts Thérèses plus ou moins gracieuses!... Décidément, cela ne se peut pas; je vais trouver la princesse et l'avertir que si elle veut me forcer à passer huit jours dans cette maison, il vaut autant m'enterrer tout de suite!...

Scène III.

ROSETTE, LA DIRECTRICE.

LA DIRECTRICE.

On vient de me dire que vous me demandiez, mon enfant; que me voulez-vous?

ROSETTE.

C'est à madame la Directrice que j'ai l'honneur de parler?

LA DIRECTRICE.

Oui, mon enfant.

ROSETTE.

Madame la Directrice de Saint-Cyr?... fondé par madame de Maintenon? je parle de l'établissement.

LA DIRECTRICE.

Je comprends.

ROSETTE.

Alors madame, c'est à vous que je dois rendre compte du motif qui m'amène.

LA DIRECTRICE.

Voyons.

ROSETTE.

Je viens de la part de madame la marquise de Maintenon vous annoncer sa visite, ainsi que celle de Son Altesse la princesse Anne-Marie qui veut passer quelque temps auprès de vous.

LA DIRECTRICE.

Comment la princesse Anne-Marie ?

ROSETTE.

Elle même, madame ; j'ai l'honneur d'être sa femme de chambre (à part) honneur qu'aujourd'hui je céderais volontiers à une autre !

LA DIRECTRICE (se parlant à elle-même).

Sans aucun doute ces dames viennent pour la répétition d'Athalie ; peut-être monsieur Racine les accompagne-t-il, heureusement que les rôles sont à peu près sus.

ROSETTE (à part).

Voyez si elle me dira un mot !

LA DIRECTRICE (se parlant à elle-même).

Il est bon que ces demoiselles soient prévenues ; la présence de cette jeune princesse qu'elles ne connaissent point pourrait les troubler, et puis les pauvres négligentes auront au moins quelques heures pour réparer le temps perdu (elle appelle) Thérèse!

THÉRÈSE (paraissant sur le seuil).

Madame ?

LA DIRECTRICE.

Dites à madame Saint-Firmin que je la prie d'envoyer

ici celles de ces demoiselles qui ont un rôle dans la pièce, afin qu'elles l'étudient. (Thérèse sort) J'ai en outre quelques ordres indispensables à donner ; hâtons nous, car je ne serai plus libre lorsque ces dames seront ici. (Elle sort).

Scène IV.

ROSETTE SEULE (elle fait par derrière une profonde révérence à la directrice).

Excusez ! si je m'ennuie je puis regarder les murs pour me distraire !..... Mais qu'est-ce que j'entends ? Il paraît qu'on n'est pas tant silencieux ici.

Scène V.

FRANÇOISE, HENRIETTE, HORTENSE, ATHENAIS, LOUISE, MARIE, CHARLOTTE, VICTOIRE, SOPHIE THÉRÈSE, ROSETTE.

THÉRÈSE (aux petites élèves.)

Allons, allons, paix donc ; est-ce que cela me regarde, moi !

CHARLOTTE.

Vous avez beau faire l'ignorante, madame Saint-Firmin nous l'a dit.

VICTOIRE.

Nous le savons aussi bien que vous.

LES TROIS PETITES.

Oui, oui, nous le savons !

MARIE.

Madame Saint-Firmin nous à même dit de repasser nos rôles.

THÉRÈSE.

Si vous le savez, je ne vois pas la nécessité de tant crier pour le demander.

HENRIETTE.

Parfaitement raisonné, Thérèse.

SOPHIE.

Nous savons !... nous savons qu'on va nous faire faire une répétition ; mais nous ne savons si c'est devant monsieur Racine où devant madame de Maintenon et c'est ce que nous tenons à savoir.

THÉRÈSE.

Si je le savais moi-même.

CHARLOTTE.

Si, si, vous le savez.

SOPHIE (câlinant).

Ma petite Thérèse ?

THÉRÈSE.

Quand je vous.....

CHARLOTTE. (l'interrompant).

Allons, Thérèse, un peu de complaisance.

THÉRÈSE.

Je vous...

VICTOIRE (l'interrompant).

C'est monsieur Racine ?

THÉRÈSE.

Je ne puis dire que ce.....

SOPHIE (l'interrompant).

C'est madame de Maintenon ?

THÉRÈSE.

Quand je vous assure qu'on ne me l'a pas.....

TOUTES TROIS.

Allons, allons, Thérèse, dites, dites.

THÉRÈSE.

Madame la Di.....

TOUTES TROIS.

Nous écoutons, Thérèse, nous écoutons.

THÉRÈSE.

Fameux cela, elles écoutent ! Je vous dis que Madame la.....

TOUTES TROIS.

C'est monsieur Racine ?

THÉRÈSE.

Voi !... je vous dis que madame la.....

TOUTES TROIS.

C'est madame de Maintenon ?

(silence.)

Hein ?... n'est-ce pas, Thérèse ?

(silence.)

CHARLOTTE.

Elle ne dit mot.

SOPHIE.

Qui ne dit mot consent.

VICTOIRE.

Alors c'est que c'est Madame de Maintenon.

TOUTES TROIS (frappant dans leurs mains.)

Voyez, voyez, Thérèse, nous le savons ; vous l'avez dit !....

ROSETTE (à part.)

Ma foi, si ma maîtresse m'a amenée ici pour apprendre à me taire, elle n'a pas mal réussi ; quel tapage !... si je n'en ai pas la tête fendue je veux bien que le roi me fasse mettre à la bastille. Allons voir ailleurs si je pourrai au moins mettre mon grain de sel au plat. (elle sort.)

Scène VI.

LES MÊMES MOINS ROSETTE.

FRANÇOISE (aux petites.)

Cette scène finit par devenir fatigante ; et je vous prie de vous taire.

LES PETITES.

Quel bonheur ! quel bonheur !... nous allons voir madame de Maintenon.

ATHENAÏS.

Eh qui vous l'a dit ?

LES PETITES.

C'est Thérèse.

THÉRÈSE.

Voilà du nouveau !... Comment je vous ai dit que madame la marquise de Maintenon allait venir ici ?

LES PETITES.

Oui, oui, vous l'avez dit.

THÉRÈSE.

C'est un peu fort!

CHARLOTTE.

Quand nous vous l'avons nommée, vous n'avez rien répondu.

TRÉRÈSE.

C'était bien facile de répondre, vous criiez toutes à la fois; il a bien fallu que je me taise.

HORTENSE.

C'est vrai qu'elles font un bruit!

FRANÇOISE.

Madame la directrice leur en passe trop.

HENRIETTE.

Hortense à raison, mes chéries, vous parlez beaucoup trop et toutes à la fois; rien n'est laid comme cela.

FRANÇOISE.

Et d'ailleurs c'est très-mauvais genre.

ATHENAÏS.

Et puis un autre inconvénient, c'est qu'en parlant toutes ensemble vous ôtez aux gens la possibilité de vous répondre.

MARIE.

Dans tout cela, nous ne savons pas qui va nous faire faire la répétition.

THÉRÈSE.

Madame la directrice vous le dira elle-même; pour le moment il ne s'agit que de repasser (elle sort).

Scène VII.

LES MÊMES, MOINS THÉRÈSE.

HENRIETTE.

Hâtons-nous de nous mettre à l'étude ; l'essentiel n'est pas de savoir qui nous fera répéter, mais de faire en sorte que ce mystérieux quelqu'un soit content de nous.

MARIE.

A l'étude, à l'étude, (aux petites) bijoux, voilà votre chère Louise qui, son cahier à la main, attend que vous ayez fini votre tapage.

LOUISE (à Charlotte).

Quand on a l'honneur d'être Joas, roi de Juda, il n'est pas séant de se faire mettre en pénitence.

CHARLOTTE.

Soyez, sans crainte pour Joas ; je réponds de lui. (Elle prend un air grave et va se placer à côté de Louise).

LOUISE.

A la bonne heure. Venez ausi, Victoire, et vous Sophie, que nous voyions si vous êtes en état de réciter comme il faut. (Elle s'assied sur la droite du théâtre; les petites se groupent autour d'elle. Les grandes vont sur la gauche)

FRANÇOISE.

De notre côté profitons bien des instants qui nous restent.

ATHENAÏS.

Qu'on ne puisse pas dire que nous jouons moins bien que nos compagnes.

HENRIETTE.

Et puis ce serait dommage de gâter de si beaux vers.

HORTENSE.

Comptez-vous pour rien la colère de madame de Maintenon?

CHARLOTTE (à Louise).

Voyez, voyez Louise, au lieu d'étudier, elles font mettre en colère madame de Maintenon.

VICTOIRE.

Madame de Maintenon ne se met pas en colère, mesdemoiselles, elle est trop sage pour cela.

LOUISE.

Charlotte, Victoire, occupez-vous donc de ce que vous récitez, à vous Charlotte. (elle lit) O mon unique mère.

CHARLOTTE.

J'y suis : « O mon unique mère... »

ATHENAÏS.

Plus bas. Nous en étions à la scène 2me du 5me acte, commencez, Henriette.

HENRIETTE (jouant).

« En croirai-je mes yeux ? »

Cher Abner... (elle cherche du regard dans la chambre) où est-elle donc?

FRANÇOISE.

Mais elle était là tout à l'heure, il me semble.

MARIE.

Abner ! Abner..... où donc à passé le brave Abner ?

CHARLOTTE.

Éclipse totale du brave Abner.

HORTENSE.

Il n'y a pas moyen d'étudier avec elle.

HENRIETTE.

Elle sera restée à la salle d'étude ; je vais l'envoyer chercher. Thérèse !

FRANÇOISE.

Je suis sûre qu'elle en est sortie avec nous. Quelle étourderie insupportable !

HENRIETTE.

Excusez-là, quoique aussi grande que nous, elle est beaucoup plus jeune. Thérèse !

FRANÇOISE.

Sommes nous à Saint-Cyr pour nous amuser des enfantillages de mademoiselle Aure ?

HENRIETTE.

Eh ! mon Dieu, nous sommes jeunes aussi, nous.

HORTENSE.

C'est égal, on devrait au moins nous séparer de ces grandes enfants, qui reviendraient volontiers à leurs poupées.

HENRIETTE (souriant).

Bah ! nous aurons le temps d'être raisonnables, quand nous aurons quitté cette maison.

FRANÇOISE.

Ce ne sera pas trop tôt ; la vie de recluse me pèse.

ATHENAÏS.

Elle me pèse aussi.

Scène VIII.

LES MÊMES, THÉRÈSE.

THÉRÈSE.

On m'a appelée, mesdemoiselles, que voulez-vous ?

HENRIETTE.

Je vous prie, ma bonne Thérèse, d'aller à la salle d'étude.....

VICTOIRE (l'interrompant).

Chercher le brave Abner.

FRANÇOISE.

N'interrompez donc pas.

THÉRÈSE.

Abner... Abner ? laquelle donc qui s'appelle Abner ?

MARIE.

Mademoiselle Aure.

THÉRÈSE.

Comment, c'est mademoiselle Aure que vous appelez Abner ?

CHARLOTTE.

Mon Dieu, oui, Abner, général des armées de Juda, de par brevet de sa majesté Racine Ier.

THÉRÈSE.

Avec tous leurs noms païens, on ne s'y connaît plus.

VICTOIRE.

Ce n'est pas un nom païen, c'est un nom juif.

THÉRÈSE

Païen ou juif, il n'en est pas moins vrai que depuis

que monsieur Racine a mis les pieds ici, c'est à en perdre la tête ; qui des Assuérus, qui des Mardochées, qui des Abner !...... comme si leurs noms de Sophie, Aure ou Henriette ne valaient pas tous ces noms baroques. Je ne sais pas où ça s'arrêtera ; mais il ne tient à guère que je ne claque la porte au nez de monsieur Racine la première fois qu'il viendra.

CHARLOTTE.

Il serait en effet très-naturel qu'un roi s'appelât Françoise, un prêtre Henriette, et un général mademoiselle Aure.

THÉRÈSE.

Il est joli le général ; je vous demande s'il ne faut pas avoir le cerveau détraqué pour donner à des jeunes personnes des brevets de général et leur fourrer sur le menton des barbes longues comme cela !

FRANÇOISE.

Thérèse, vous oubliez !

THÉRÈSE.

Il y a bien besoin de mettre des mitaines pour dire que monsieur Racine est un âne.

TOUTES LES PETITES.

Ah ! ah ! ah !...

THÉRÈSE.

Bon ! de quoi rient-elles ?

LOUISE.

Ma pauvre Thérèse, c'est que vous faites une étrange erreur ; monsieur Racine est l'homme du monde qui fait les plus beaux vers.

THÉRÈSE.

Je me moque bien de la versification, moi ; il ferait mieux de nous laisser tranquille.

FRANÇOISE.

Il suffit, Thérèse ; monsieur Racine obéit à madame de Maintenon, vous n'avez rien à y voir.

THÉRÈSE.

On n'est pas toujours si empressé à lui obéir ; et l'excellente dame aimerait mieux j'en suis sûre que monsieur Racine obéit moins bien et que d'autres personnes obéissent mieux.

FRANÇOISE.

Que voulez-vous dire ?

HORTENSE.

Vous vous en permettez trop.

THÉRÈSE.

On peut sans trop s'en permettre, trouver bien ce qui est bien et mal ce qui est mal.

CHARLOTTE.

Comme cela, Thérèse, vous voulez donner des leçons à monsieur Racine.

THÉRÈSE.

Des leçons, des leçons... ce qu'il y a de certain, c'est que si madame de Maintenon m'avait chargée de cette besogne je n'aurais pas fait comme lui.

TOUTES LES PETITES.

Ah ! ah ! ah !... qu'auriez-vous fait ?

THÉRÈSE.

J'aurais fait danser mademoiselle Sophie, parler mademoiselle Charlotte, écouter aux portes mademoiselle Victoire ; j'aurais mis mademoiselle Aure en récréation, mademoiselle Marie à table, mademoiselle Hortense devant son miroir et quelqu'un que je sais bien à gronder sa servante ; les rôles auraient été bien remplis.

TOUTES LES PETITES.

Ah ! ah ! ah !... jolie tragédie.

LES GRANDES (en même temps).

Thérèse !...

THÉRÈSE.

Vous m'avez appelée pour savoir des nouvelles de votre général ; il est..... mais tenez le voilà qui arrive hors d'haleine, tout décoiffé... Ah! si j'étais la maitresse, je lui donnerais sur les doigts à votre général !... (elle sort).

Scène. IX

LES MÊMES MOINS THÉRÈSE ; AURE (entrant un instant après).

FRANÇOISE.

La hardiesse de cette fille est ridicule.

HORTENSE.

Madame la directrice a pour elle une indulgence déraisonnable.

HENRIETTE.

Elle manque de manières j'en conviens ; mais elle a des qualités précieuses.

FRANÇOISE.

A la bonne heure ; mais quand on a l'honneur de servir des demoiselles comme nous.

HENRIETTE.

L'honneur de servir n'est jamais si grand que.....

ATHENAÏS.

Comment ! n'est-ce pas un grand avantage pour cette fille, sortie des derniers rangs, que d'être reçue dans une maison ou sont élevées les premières demoiselles de France ?

HENRIETTE.

Assurément ; mais de notre côté, c'est un avantage pour nous de rencontrer quelqu'un qui nous dise bien franchement nos défauts ; plus notre rang est élevé, plus cette qualité est difficile à rencontrer dans ceux qui nous servent.

FRANÇOISE.

Cette franchise est tout à fait hors de saison ; ce n'est pas elle qui est chargée de nous reprendre.

HORTENSE.

Elle se donne avec nous des tons !

HENRIETTE.

Ses manières sont un peu rudes, je l'ai dit et je le répète ; mais le moyen de la contraindre au silence, ce n'est point de s'emporter contre elle, c'est de ne pas donner prise à ses critiques.

AURE (en entrant).

Me voilà !

FRANÇOISE.

Nous vous attendions depuis une heure pour apprendre nos rôles, mademoiselle.

AURE (avec un respect comique).

(air connu).

Grande reine, à votre indulgence.
Je n'ai plus qu'à m'abandonner ;
J'ignorais que pour sa défense.
Athalie......

FRANÇOISE (l'interrompant).

Mademoiselle !..

AURE.

Je sais bien que votre colère.
Veut d'autres explications ;
Reine, eh bien je portais la guerre,
Chez le peuple des papillons !

FRANÇOISE.

Eh, mademoiselle, laissez là je vous prie, ces improvisations ; vous n'êtes pas avec des enfants.

ATHENAÏS.

Allez avec ces petites, si vos goûts s'accordent avec les leurs.

AURE.

Mais quel mal ai-je donc fait ? j'étouffais dans la salle d'étude, j'ai trouvé l'occasion d'aller prendre l'air au jardin et j'en ai profité ; quoi de plus simple !

LOUISE.

Ces demoiselles ont raison, ma chère Aure, et nous sommes toutes contre toi. On ne va pas au jardin sans permission et l'on ne court pas de manière à se décoiffer. Viens que je t'arrange (elle replace les épingles à la coiffure d'Aure).

FRANÇOISE.

A la toilette maintenant!

LOUISE.

Un peu de patience ; nous y sommes.

ATHENAÏS.

Vous avouerez que cela passe toutes les bornes !

AURE.

Aimeriez-vous mieux que je fusse grondée par madame la directrice ; et ne faut-il pas un peu supporter les défauts ?...

FRANÇOISE.

Et croyez-vous que nous soyons ici pour endurer les vôtres?

AURE.

Je ne suis pas sans défauts, je le sais; mais...

LOUISE.

Aure, je t'en prie, tais-toi.

FRANÇOISE.

Achevez.

AURE.

Celui-là seul qui est parfait a le droit de condamner les autres. Votre société, d'ailleurs, mesdemoiselles les grandes, est infiniment moins agréable que celle de ces petites à qui vous me renvoyiez tout à l'heure et, puisque vous le permettez, je vais me réfugier parmi elles.

HORTENSE.

Et notre répétition ?

AURE.

Madame la directrice n'a ordonné que d'apprendre; il suffit que j'obéisse. (Aure va se réunir aux petites; les grandes se regardent d'un air étonné).

CHARLOTTE.

Voilà, aussi; vous avez fâché votre brave Abner.

VICTOIRE.

L'armée d'Israël est en déroute.

HENRIETTE.

Véritablement vous bouderiez, Aure?

AURE.

Soyez franche, Henriette, ces grands airs ne sont-ils pas souverainement déplacés? car enfin, nous sommes toutes égales?

HENRIETTE.

Allons, allons;... mon Aure, venez.

Scène X.

LES MÊMES LA DIRECTRICE.

LA DIRECTRICE.

Vous voilà toutes réunies, mesdemoiselles, c'est bien; Savez-vous vos rôles?

HENRIETTE.

A peu près, madame.

LA DIRECTRICE (aux petites élèves).

Et vous, mes enfants?

CHARLOTTE.

Très-bien, madame.

VICTOIRE.

Louise nous les a fait apprendre; oh! vous serez contente!

LA DIRECTRICE.

Vous êtes bien heureuse que cette aimable compagne se charge de vous en aplanir les difficultés. Lui obéissez-vous bien, au moins?

LOUISE.

Elles sont charmantes, madame, et c'est pour moi un véritable plaisir que de les faire étudier.

SOPHIE.

Comment ne serions-nous pas gentilles avec elle!

LA DIRECTRICE.

J'aime à voir que vous lui rendiez justice. Vous allez recevoir aujourd'hui, mes enfants, une visite qui n'est jamais reçue parmi vous qu'avec des transports de joie.

TOUTES.

Madame de Maintenon?

FRANÇOISE.

Ma marraine?

LA DIRECTRICE.

Elle-même; mais elle ne sera pas seule, la princesse Anne-Marie l'accompagne. Je suppose que ces dames veulent juger par elles-mêmes comment vous vous tirerez de vos rôles; mettez-y toute votre bonne volonté.

FRANÇOISE.

Nous ferons en sorte de vous contenter, madame; ainsi que madame de Maintenon.

LA DIRECTRICE.

Vous avez raison mille fois, mes enfants; cherchez

à contenter l'auguste fondatrice de cette maison, vous lui devez l'inestimable bienfait d'une éducation solide et pieuse, vous ne pourrez vous acquitter envers elle qu'en en profitant.

TOUTES.

Nous ferons en sorte, madame.

LA DIRECTRICE.

Le meilleur moyen, croyez-le bien, serait de faire disparaître de la maison cette morgue, cette vanité, ces contrariétés incessantes ; songez qu'en entrant ici vous devenez toutes sœurs, que vos pères soient des princes ou de simples gentilshommes. Ah ! si vous étiez douces, complaisantes, indulgentes, madame de Maintenon, trouverait parmi nous sa plus douce récompense.

FRANÇOISE (à part).

Toutes égales ! c'est très-bon en théorie.

LA DIRECTRICE.

Ces dames ne peuvent tarder. Allez achever de repasser dans le petit salon. Restez, Louise, j'ai à vous parler.

Scene XI.

LA DIRECTRICE, LOUISE.

LA DIRECTRICE.

Ma chère enfant, il faut que je vous gronde bien fort ; vous manquez envers moi de confiance. D'où vient que vous êtes si triste ?

LOUISE.

Hélas! madame, vous savez si j'ai sujet d'être gaie ! malheureuse créature que je suis, mon père est en exil ma mère est morte, et je ne dois qu'à votre charité cet asile pour abriter ma jeunesse.

LA DIRECTRICE.

Voilà de bien funestes idées, ma chère fille, ne faut-il pas se résigner à la volonté divine?

LOUISE.

Je ne murmure point, madame, que la sainte volonté de Dieu s'accomplisse ; cependant je ne puis demeurer insensible aux malheurs de mon père et jeter sans épouvante les yeux sur un avenir qui menace d'être si sombre.

LA DIRECTRICE.

Vos infortunes sont grandes, mon enfant, mais la bonté de Dieu est mille fois plus grande encore. Espérez : il se plaît souvent à faire naître notre bonheur du milieu des disgrâces et les événements les plus simples ont entre ses mains des résultats merveilleux.

LOUISE.

Je vous crois, madame. (Elle se détourne et essuie une larme).

LA DIRECTRICE.

Vous semblez plus triste depuis la visite de votre vieille gouvernante?

LOUISE.

Il est vrai, madame ; hélas! le malheur ne se lasse jamais de me frapper.

LA DIRECTRICE.

Quel nouveau malheur vous frappe? vous m'effrayez!

LOUISE.

Mon père languit en exil depuis tant d'années et la terre étrangère lui est devenue si odieuse, qu'il en est tombé malade. Dans ces tristes conjonctures, ma présence lui serait peut-être de quelque utilité et je suis réduite, madame, à vous supplier de vouloir bien autoriser mon départ.

LA DIRECTRICE.

C'est une chose grave, ma fille.

LOUISE.

Faut-il donc que je laisse mourir de chagrin mon pauvre père?

LA DIRECTRICE.

Non certes; mais dans une occasion semblable, il est nécessaire de réfléchir mûrement avant de prendre un parti. Ah! si le roi pouvait revenir de ses préventions.

LOUISE.

Hélas! vous connaissez cette affaire aussi bien que moi, madame; mon père fut compromis, sans être coupable, par...

LA DIRECTRICE.

Je sais, je sais. Mon Dieu, si je pouvais en parler à madame de Maintenon et qu'elle consentît à plaider votre cause, ce serait une affaire terminée, mais en trouverai-je l'occasion de sitôt!

LOUISE.

Ah! madame, je vous en prie!

LA DIRECTRICE.

Espérez en Dieu, ma fille chérie, jetez-vous avec confiance entre les bras de sa miséricorde ; j'essaierai.

THÉRÈSE (annonçant).

Madame la marquise de Maintenon.

LA DIRECTRICE.

Ah ! Dieu ! la voilà ; allez vite rejoindre vos compagnes.

Scène XII.

LA DIRECTRICE, Mme DE MAINTENON, LA PRINCESSE ANNE-MARIE (Cette dernière est vêtue très-simplement).

LA DIRECTRICE (saluant).

Madame la marquise !

MADAME DE MAINTENON.

Salut à notre chère directrice et que la patience du Seigneur l'accompagne. Je vous présente mademoiselle Jeanne de Surville; une jeune personne de mes amies, aussi aimable que...

ANNE-MARIE.

Eh quoi ! vous aussi, madame, vous flattez cet amour-propre dont je viens me corriger à Saint-Cyr.

MADAME DE MAINTENON.

Ces dames pourront juger si je flatte votre.... votre... (Elle hésite).

ANNE-MARIE (souriant).

mon amour-propre.

MADAME DE MAINTENON.

C'est ce que je voulais dire. Mademoiselle Jeanne vient passer auprès de vous une huitaine de jours, ma chère directrice.

LA DIRECTRICE (saluant).

Mademoiselle... je suis...

ANNE-MARIE.

C'est pour me convertir, madame; ne riez pas, c'est fort sérieux. L'exemple de madame la marquise à commencé, vos conseils achèveront; je suis dégoûtée des frivolités de la... de... (Elle hésite).

MADAME DE MAINTENON.

De la province. Mademoiselle est la fille d'un bon gentilhomme campagnard. Mais qu'avez-vous donc, chère dame, vous semblez toute préoccupée ?

LA DIRECTRICE.

Mon Dieu, mesdames pardonnez-moi, on m'avait annoncé Son Altesse la princesse Anne-Marie et...

MADAME DE MAINTENON.

Véritablement! et qui a pu trahir ainsi notre secret; est-ce que Votre Altesse en avait parlé à quelqu'un ?

ANNE-MARIE.

A personne.

LA DIRECTRICE.

Je le tiens d'une jeune fille qui s'est annoncée comme femme de chambre de Votre Altesse.

ANNE-MARIE.

Ah! mon Dieu, ce sera Rosette. J'aurais bien dû le prévoir et ne point l'amener ; mais je voulais qu'elle apprît à se taire. Résignons-nous. Eh bien, oui Madame la Directrice, je suis Anne-Marie de Bourbon et je viens ici, sous les auspices de madame la Marquise, pour apprendre un peu mes vérités : refuserez-vous de me les dire? trouvez-vous la tâche trop rude ?

LA DIRECTRICE.

Vos désirs, madame, seront des ordres ; et s'il ne s'agit que d'être sans merci pour vos défauts, nous n'aurons pas grand peine à l'être.

ANNE-MARIE.

Voyez, voyez... Anne-Marie de Bourbon agit déjà.

MADAME DE MAINTENON.

Etes-vous certaine de ne jamais trouver qu'on l'oubliera trop tôt, ce nom magique.

ANNE-MARIE.

C'est tout ce que je désire ; ah Dieu ! qu'on est bien ici, on y respire le calme et la vertu (Elle va se placer à une fenêtre d'où elle regarde la campagne).

MADAME DE MAINTENON.

Eh bien, chère directrice, qu'y a-t-il de nouveau à Saint-Cyr?

LA DIRECTRICE.

La pièce d'Athalie est sue à peu près ; si madame la marquise veut juger...

MADAME DE MAINTENON.

Pas aujourd'hui ; j'ai de nombreuses affaires et je suis obligée d'abréger ma visite à mes chères filles ; mais dans huit jours, en venant chercher Son Altesse j'amènerai M. Racine, et nous ferons une répétition générale.

A propos, j'ai pensé à votre protégée, la petite Louise ; cette enfant m'intéresse, je me charge de tous les frais de son éducation.

LA DIRECTRICE.

Elle vous en sera éternellement reconnaissante, madame ; son âme est assez belle pour comprendre et apprécier son auguste bienfaitrice. Hélas ! en ce moment elle est bien triste.

MADAME DE MAINTENON.

Qu'a-t-elle ?

LA DIRECTRICE.

Son père a été pris d'une maladie de langueur, le mal du pays, je crois, et cette excellente fille veut tout quitter pour aller le soigner.

MADAME DE MAINTENON.

La pauvre enfant ! mais l'affaire de cet homme est-elle grave ?

LA DIRECTRICE.

Assez grave pour le compromettre fortement ; cependant il possède, dit-il, des preuves irrécusables de son innocence.

MADAME DE MAINTENON.

Vous m'expliquerez cela à mon premier voyage ; je m'intéresse à elle ; si son père mérite quelque indulgence, je pourrai en parler au roi. Et Françoise, en êtes-vous satisfaite ?

LA DIRECTRICE.

Sous le rapport des études, nous n'avons aucun reproche à lui faire.

MADAME DE MAINTENON.

C'est la moindre chose, chère madame, c'est la moindre chose. A quoi sert une vaste érudition, si l'on y joint un caractère difficile, des goûts frivoles et la sotte habitude de juger les hommes au poids des distinctions humaines.

LA DIRECTRICE.

Peut-être êtes-vous un peu sévère à son égard.

MADAME DE MAINTENON.

Non, madame, je ne le suis pas trop. Françoise a été éblouie de la fortune qu'elle a vue dans notre maison, son caractère s'est développé sous cette influence et maintenant il est bien difficile de le changer.

LA DIRECTRICE.

Elle a au fond d'excellentes qualités.

MADAME DE MAINTENON.

Oui, mais l'orgueil, comme un vaste buisson d'épines, envahit tout. A cause de moi, ou l'encense, ou l'adule, et la malheureuse enfant se croit un prodige, et qui pis est, n'estime au monde que les distinctions du rang et de la naissance.

LA DIRECTRICE.

Elle est jeune encore.

MADAME DE MAINTENON.

Elle ne se corrigera pas sans une grande leçon; j'ai hésité longtemps, je n'hésite plus; mais cette leçon comment la lui donner? (Elle s'appuie sur le bras de son fauteuil et se met à réfléchir).

ANNE-MARIE revenant près de la Directrice).

Ainsi donc, c'est mademoiselle Rosette qui m'a trahie; cependant je suis plus décidée que jamais à n'être que Jeanne de Surville.

LA DIRECTRICE.

Malheureusement, madame, comme j'ignorais les intentions de Votre Altesse, j'ai cru devoir annoncer votre arrivée à nos élèves.

ANNE-MARIE.

Vraiment?.. voilà qui met à néant mes projets. Vous l'avouerai-je: depuis mon enfance j'ai rêvé un cœur qui m'aimât véritablement pour moi-même ; une amie qui fut à moi et non pas à mon rang. Ce rêve, j'espérais le réaliser parmi vous et d'avance je jurais d'attacher à moi celle qui aurait enfin voulu m'aimer comme j'ai besoin de l'être. Dites-moi, madame, dites-moi, ma chère marquise, n'y a-t-il aucun remède ?

MADAME DE MAINTENON.

Etes-vous donc tout-à-fait décidée à signer votre abdication ?

ANNE MARIE.

Je signe, je signe plutôt deux fois qu'une.

MADAME DE MAINTENON.

Ecoutez-moi alors, voilà le projet que j'ai conçu. Son Altesse demeurera ici sous le simple nom de Jeanne, puisqu'elle le désire, et nous chercherons quelqu'un pour remplir le rôle de princesse. Surtout que le secret soit inviolablement gardé. Quant à moi, j'en tirerai la leçon que je cherchais pour Françoise.

LA DIRECTRICE ET ANNE-MARIE.

Comment cela ?

MADAME DE MAINTENON.

Je suis certaine qu'elle dédaignera l'aimable Jeanne pour notre simulacre de princesse.

ANNE-MARIE.

Je réponds du contraire.

MADAME DE MAINTENON.

Au moins promettez-moi, madame, de ne pas me trahir.

ANNE-MARIE.

Mais...

MADAME DE MAINTENON.

Il y va peut-être du bonheur de sa vie ; songez-y ! (en souriant) Je vous en rendrais responsable.

ANNE-MARIE.

Soit donc. Vous ne me défendez pas au moins d'être affectueuse avec elle.

MADAME DE MAINTENON.

Vous n'obtiendrez rien, madame, vous serez éclipsée.

ANNE-MARIE.

Je ne l'entends pas ainsi.

LA DIRECTRICE.

Mais qui charger du rôle de princesse ?

ANNE-MARIE (Après un moment de réflexion).

Ah ! j'ai là ce qu'il vous faut ; ma Rosette !... Elle est bonne fille, assez versée dans nos usages et très au fait du babil d'antichambre. Nous aurons la princesse la plus extravagante qu'il soit possible d'imaginer.

MADAME DE MAINTENON.

Faisons-la donc venir.

LA DIRECTRICE.

Thérèse.

THÉRÈSE (entrant).

Madame ?

LA DIRECTRICE.

Faites venir la jeune fille qui est arrivée ce matin (Thérèse sort).

MADAME DE MAINTENON.

Avant d'aller plus avant, entendons-nous bien, mesdames : vous me promettez, n'est-ce pas, de laisser les choses suivre leur cours. Je parle sérieusement, car j'aime cette enfant et je veux qu'elle se corrige pendant qu'il en est temps encore.

LA DIRECTRICE.

Nous vous le promettons.

ANNE-MARIE.

Nous vous le promettons.

Scène XIII.

LES MÊMES, ROSETTE.

ROSETTE.

Que souhaite Son Altesse ?

ANNE-MARIE.

Approche Rosette. Qui t'avait défendu, dis-moi, de révéler mon nom ici ?

ROSETTE.

Votre Altessse elle-mème m'avait fait cette défense.

ANNE-MARIE.

Et sans doute tu as obéi ?

ROSETTE.

Très-ponctuellement.

ANNE-MARIE.

Cependant toute la maison le savait une heure avant mon arrivée.

ROSETTE.

Cela m'étonne; car, à part madame la directrice que voilà, je l'ai dit à tout le monde sous le sceau du secret.

ANNE-MARIE.

Ah ! tu l'as dit à tout le monde sous le sceau du secret; c'était un excellent moyen pour que personne ne le sût !

ROSETTE.

Votre Altesse m'excusera ; je craignais...

ANNE-MARIE.

Que craignais-tu ?

ROSETTE.

Je craignais que quelqu'un... quand on ne sait pas qu'on parle à une princesse, on dit... tout ce qu'on pense... Votre Altesse doit me comprendre.

ANNE-MARIE.

Parfaitement ; mais si la franchise était surtout ce que je viens chercher ici ?

ROSETTE.

Si Votre Altesse n'en avait rien su, c'eût été absolument la même chose. Aussi il faut avouer qu'il y a des gens bien babillards !

ANNE-MARIE.

O princes, princes, qu'il est difficile à la vérité d'arriver jusqu'à vous ! Eh bien, Rosette, puisque tu as fait la faute, il faut la réparer.

ROSETTE.

Que Votre Altesse ordonne.

ANNE-MARIE.

Tu as répandu le bruit de l'arrivée d'une princesse, il faut que tu en remplisses le rôle, parce que j'en ai choisi un autre.

ROSETTE.

Moi !

ANNE-MARIE.

Toi-même. Est-ce que tu n'en aurais pas le courage ?

ROSETTE.

Il n'en faudrait certes pas beaucoup ; mais si l'on venait à me reconnaître.

ANNE-MARIE.

Ne crains rien ; une perruque et un autre costume te changeront suffisamment.

ROSETTE.

Que Votre Altesse me pardonne ; mais je crois qu'elle veut plaisanter.

ANNE-MARIE.

Point du tout. Viens que l'on t'habille ; je vais présider moi-même à ta toilette. (A la directrice). Si vous vouliez, madame, me faire conduire à mon appartement...

LA DIRECTRICE.

Je vais avoir l'honneur de vous servir de guide moi-même ; madame la marquise voudra bien m'excuser.

MADAME DE MAINTENON.

Je vous en prie, madame, envoyez-moi Françoise.

Scène XIV.

MADAME DE MAINTENON (seule).

Voici un piége habile dressé à ton orgueil, ma pauvre Françoise, auras-tu l'esprit de l'éviter?... non, je le prévois bien. Ce n'est pas que l'esprit te manque ; mais l'orgueil, l'orgueil t'aveugle!... Et pourtant je sens qu'il m'en coûte de t'affliger. La voici : prémunissons-la contre sa propre faiblesse.

Scène XV.

MADAME DE MAINTENON, FRANÇOISE.

FRANÇOISE.

Madame la directrice m'a dit que vous me demandiez, ma chère marraine, me voici à vos ordres.

MADAME DE MAINTENON.

Approchez-vous, Françoise, prenez une chaise et asseyez-vous.

FRANÇOISE.

Permettez-moi, madame, de rester debout ; je sais ce que je dois...

MADAME DE MAINTENON.

Et que savez-vous, mon enfant? est-ce que les d'Aubigné sont accoutumés à ces cérémonies princières?... Ne sommes-nous pas après tout de petits gentilshommes campagnards et ruinés qui pis est.

FRANÇOISE.

Cela pouvait être il y a quelque temps; mais aujourd'hui?

MADAME DE MAINTENON.

Qu'avons-nous de plus aujourd'hui qu'hier? Un peu plus de faveur; à quoi cela tient-il, que deviendrait cette faveur si je mourais demain? Mon enfant, écoutez-moi : vous vous abusez étrangement si vous prenez au pied de la lettre les louanges qu'on vous prodigue et les flatteries dont on vous entoure; cela ne s'adresse pas à vous mais à votre marraine à qui l'on croit faire plaisir.

FRANÇOISE.

Je n'y attache aucun prix, ma tante, je vous le jure.

MADAME DE MAINTENON.

Je vous aime trop pour ne pas vous dire vos vérités : vous avez un orgueil effroyable et si vous ne devenez humble, vous ferez le malheur de tout ce qui vous entourera et vous serez vous-même également à plaindre.

FRANÇOISE.

Ma tante...

MADAME DE MAINTENON.

Vous croyez-vous donc un personnage important parce que le roi ne refuse rien à votre tante? Eh, mon enfant, vos prétentions sont ridicules ; on en rit par derrière et on vous les reprocherait en face si le Roi cessait de nous protéger. Vous apprenez l'Évangile, sont-ce là les maximes que vous y trouvez ? Dans le cours de votre vie, soyez-en persuadée, ma fille, vous ne serez aimée qu'autant que vous saurez plaire ; or vous ne plairez que par la douceur et l'humilité, et vous n'en avez point.

FRANÇOISE.

Il faut que madame la directrice vous ait fait de moi un portrait bien affreux...

MADAME DE MAINTENON.

Madame la directrice vous ménage, Françoise, elle vous ménage trop ; mais je vois clair parce que je vous aime véritablement. Est-il besoin d'ailleurs qu'un autre m'en prévienne pour que je découvre en vous un orgueil si visible qu'il vous a déjà faussé le jugement.

FRANÇOISE.

Oh !...

MADAME DE MAINTENON.

Ne vous récriez pas ; j'ai dit la vérité. A votre âge, l'âge de la candeur, l'âge où l'art funeste de feindre n'est pas encore appris, ne vous ai-je pas vue mille fois dédaigner la vertu simple et modeste pour accorder toute votre estime à des vanités à peine dignes d'arrêter un instant nos regards.

FRANÇOISE.

Je croyais accomplir un devoir en traitant avec respect les gens élevés en dignité.

MADAME DE MAINTENON.

Eh qui vous prêche la révolte contre les dignités humaines ? Le plus souvent elles sont le prix de la vertu et par là doublement respectacles ; mais faut-il pousser le respect jusqu'à diviser les ridicules, jusqu'à imiter servilement tous les travers.

FRANÇOISE.

J'espère, ma tante...

MADAME DE MAINTENON.

Nous devons respecter nos supérieurs, Françoise, et rendre, selon l'expression du Sauveur, à César ce qui est à César ; mais la vertu, dans quelque rang qu'elle se trouve placée, à droit à nos hommages. Vous ne paraissez pas convaincue, vous me croyez prévenue contre vous ? Je vous mettrai à l'épreuve afin que vous puissiez vous juger vous-même.

FRANÇOISE.

Je consens volontiers à cette épreuve ; peut-être pourra-t-elle détromper ma chère tante.

MADAME DE MAINTENON.

C'est ce que nous verrons. Allez prévenir vos compagnes que je désire les voir avant mon départ ; ensuite je vous laisserai le temps de réfléchir à toute notre conversation.

Scène XVI.

MADAME DE MAINTENON, ANNE-MARIE, puis LA DIRECTRICE, FRANÇOISE, LOUISE, HENRIETTE, HORTENSE, ATHÉNAIS, AURE, MARIE, CHARLOTTE, SOPHIE, VICTOIRE, jeunes élèves.

ANNE-MARIE.

Le sermon est fini ; j'attendais.

MADAME DE MAINTENON.

Vous deviez entrer.

ANNE-MARIE.

Ma présence aurait achevé de couvrir de confusion cette pauvre jeune fille. Ah vous êtes impitoyable.

MADAME DE MAINTENON.

Plût à Dieu que tout le monde le fût autant que moi, nous aurions moins de peine à changer ce caractère. Et votre princesse ?

ANNE-MARIE.

Charmante ! c'est à s'y tromper lorsqu'elle ne parle pas ; ce qu'il y a de plus amusant, c'est qu'elle prend son rôle au sérieux.

MADAME DE MAINTENON.

Vous l'avez laissée ?

ANNE-MARIE.

Là-haut ; elle attend pour opérer sa grande entrée qu'on la fasse appeler. (Pendant ce qui précède les élèves sont arrivées deux à deux et se sont rangées dans le fond du théâtre).

MADAME DE MAINTENON.

Approchez, mes chères filles, j'aime à me voir au milieu de vous, et il ne tient pas à moi d'y venir plus souvent. (Les élèves l'entourent). Votre excellente directrice m'a dit qu'elle était contente de vous. Si vous continuez, je vous promets que Sa Majesté elle-même assistera à la représentation de la belle tragédie que vous étudiez en ce moment.

LES PETITES.

Quel bonheur ! quel bonheur !...

MADAME DE MAINTENON.

Je vous amène une compagne, mes chères filles, et je vous la présente en la recommandant à votre affection. C'est mademoiselle Jeanne de Surville, la fille d'un bon gentilhomme de province. Françoise, venez saluer mademoiselle Jeanne. Son père est voisin du vôtre, ils sont même fort liés ensemble.

FRANÇOISE (d'un air contraint).

Je suis bien votre servante, mademoiselle.

ANNE-MARIE.

Dans quelques jours vous me donnerez, je l'espère, un nom plus doux, puisque madame la marquise veut bien me recommander à votre affection.

FRANÇOISE.

Les recommandations de madame la marquise sont des ordres pour moi.

MADAME DE MAINTENON.

Ce n'est pas tout, mes enfants, je vais avoir l'honneur de vous présenter Son Altesse la princesse Anne-

Marie qui vient passer huit jours au milieu de vous.

(Les élèves se regardent en faisant des signes de joie).

(Madame de Maintenon se penche vers la directrice qui disparaît un instant. La princesse se détourne pour cacher un sourire).

MADAME DE MAINTENON.

Lorsque je reviendrai, mes chères enfants, j'apporterai des récompenses à celles qui auront fait le plus d'efforts pour dompter leur caractère. Vous savez que, dans l'intérêt que je vous porte, c'est à cela surtout que je tiens. Devenez douces, modestes, conciliantes, humbles ; l'humilité voyez-vous, c'est la vertu des saints ; quand une femme la possède, il est rare qu'elle n'ait pas toutes les autres.

Scène XVII.

LES MÊMES, ROSETTE.

ANNE-MARIE.

Il me semble que j'entends descendre Son Altesse.

ROSETTE, (derrière le théâtre).

Un laquais, un laquais, vous dis-je. Il me faut à tout prix un laquais.

THÉRÈSE, (derrière le théâtre).

A tout prix ! quand vous y mettriez la paie du roi, vous n'en pourriez avoir un, puisqu'il n'y en a point.

ROSETTE, (derrière le théâtre).

Taisez-vous, impertinente, il me faut un laquais. A

qui voulez-vous donc que je fasse porter la queue de ma robe.

THÉRÈSE (derrière le théâtre).

Vois ! cette queue n'est pas tant lourde ; je la porterai bien.

ROSETTE.

Avisez-vous de la toucher ! Allons ! qu'on me cherche un laquais. (En entrant). Comment cette maison est-elle donc organisée ; on n'y saurait trouver le moindre laquais !

MADAME DE MAINTENON.

Veuillez être assez bonne, madame, pour nous excuser ; cette maison fondée pour l'éducation de la jeunesse, ne renferme pas toutes les ressources du luxe.

ROSETTE.

Sans doute, sans doute ; mais cela n'empêche pas que j'ai besoin d'un laquais.

MADAME DE MAINTENON.

On vous donnera une jeune fille pour vous en tenir lieu.

HORTENSE.

Et nous nous ferons un plaisir, madame, de vous rendre tous les services...

ROSETTE (l'interrompant).

Bien, très-bien ; elle est charmante. Comment vous nommez-vous, ma belle ?

HORTENSE.

Hortense de...

ROSETTE (sans l'écouter).

C'est égal un laquais est un meuble commode ; il faudra que je m'arrange pour avoir un laquais.

MADAME DE MAINTENON.

Je vais, madame prendre congé de vous ; dans huit jours je viendrai chercher Votre Altesse.

ROSETTE.

Il suffit. Ah ! je suis fatiguée, excédée, tuée !... qu'on m'approche un fauteuil ! (Les élèves approchent un fauteuil).

MADAME DE MAINTENON.

Adieu mes enfants, soyez sages ; adieu Françoise, adieu mon aimable Jeanne. (Elle sort. La directrice et la princesse Anne-Marie la reconduisent).

Scène XVIII.

LES MÊMES, moins madame de Maintenon et la directrice.
(Rosette fait des mines dans son fauteuil, les élèves l'entourent).

ROSETTE.

Ah çà, mes chères demoiselles, quand vous aurez assez regardé ma toilette et ma personne, vous me parlerez peut-être. J'ai une grande prédilection pour Saint-Cyr, l'éducation y est parfaite et les manières assez bonnes : parlez sans crainte, je veux au milieu de vous oublier tout à fait mon rang.

FRANÇOISE.

Nous n'osions, madame, vous adresser la parole les premières.

ATHÉNAIS.

Nous attendions les ordres de Votre Altesse.

ROSETTE.

Mes ordres ?... Laquais, prenez mon éventail... ah ! j'oublie !...

FRANÇOISE.

Votre Altesse sera bien mal servie dans cette maison.

MARIE.

Si je pouvais remplacer un laquais auprès de Votre Altesse.

ROSETTE (lui tendant son éventail).

Tenez.... ah ça.... ce laquais m'offusque... qu'est-ce que je vous disais?

FRANÇOISE.

Votre Altesse allait nous donner ses ordres.

ROSETTE.

Ah oui ; c'est vrai. Pour le moment, je désire que vous chantiez, j'aime passionnément la musique ; Depuis que j'ai entendu chanter les opéras de M. *Bourdaloue*, je ne rêve qu'harmonie. Une fois même, ah ah ah ! j'en ris encore ; une fois ne m'est-il pas arrivé de fredonner une cantate à un sermon du père *Quinault*. (Louise et Henriette se regardent).

FRANÇOISE.

La musique fait partie de nos études journalières.

ROSETTE.

Allons, je vous écoute.

(Les élèves chantent.)

ROSETTE.

C'est assez bien; mais je préfère à tout autre chose la musique de *Rubens.*

FRANÇOISE.

Votre Altesse veut sans doute dire de Lulli.

ROSETTE.

Eh! n'est-ce pas comme cela que j'ai dit?

HORTENSE.

Ah! sans doute, ce n'est point difficile à comprendre.

ROSETTE.

Moi je reconnais entre mille les morceaux des maîtres; je ne chante que de la musique de... maîtres; j'en suis pour les maîtres, et vous?

ATHÉNAIS.

Nous aussi, madame.

ROSETTE (à Athénaïs).

Vous me plaisez beaucoup.

ATHÉNAIS.

Votre Altesse est vraiment trop bonne.

ROSETTE.

Ma parole d'honneur. (A la princesse qui rentre.) Ah ça et vous, mademoiselle, comment vous nomme-t-on?

ANNE-MARIE.

On m'appelle Jeanne.

ROSETTE.

On s'en souviendra. (Se tournant vers Marie). Donnez-moi mon éventail, nous allons faire un tour de jardin en attendant le dîner; je donne congé à tout le monde. (Les petites font des signes de joie.)

ANNE-MARIE.

Vous daignerez bien permettre que quelques-unes de ces demoiselles demeurent ici avec moi ?

ROSETTE.

Je permets tout ; que celles qui voudront demeurer, demeurent. Pour moi, je sors..... qui m'aime me suit. (Elle se lève et arrange avec emphase sa robe et sa coiffure, les élèves se disposent à la suivre).

ANNE-MARIE (à Hortense).

Restez-vous, mademoiselle ?

HORTENSE (froidement).

Mille pardons, mademoiselle, mais j'accompagne la princesse.

ANNE-MARIE (à Aure et Athénaïs).

Et vous.

ATHÉNAIS.

On ne peut laisser son Altesse se promener seule.

AURE.

D'ailleurs elle est fort agréable cette princesse ; elle m'amuse.

ANNE-MARIE (à Françoise).

Ah ! mademoiselle, j'ai recours à vous, nos pères étaient voisins.

FRANÇOISE (avec mauvaise humeur).

Vous n'imaginez pas que je vais laisser son Altesse pour vous tenir compagnie ; si vous craignez de vous ennuyer, venez avec nous. (Elles sortent).

Scène. XIX.

ANNE-MARIE, LOUISE.

ANNE-MARIE (se croyant seule).

Ainsi me voilà seule ; elles m'ont toutes laissée pour courir après cette princesse !... Et moi qui venais chercher ici un cœur pour m'aimer !... Ah ! pauvre Jeanne, pauvre Jeanne, l'épreuve ne t'est pas favorable.

LOUISE (s'avançant).

Vous êtes seule, mademoiselle, et vous paraissez triste ; les premiers jours sont pénibles à passer, mais vous vous habituerez vite. Voulez-vous me permettre de vous tenir un instant compagnie.

ANNE-MARIE.

Quoi, mademoiselle, vous laissez la princesse pour moi ?

LOUISE.

La princesse a nombreuse escorte.

ANNE-MARIE.

Vous êtes bonne, je le vois, vous ! Eh bien oui, mademoiselle, j'accepte l'offre gracieuse que vous me faites de passer avec moi quelques heures, ces heures seront bien douces et certainement trop vite envolées.

LOUISE.

Non ; les premières journées qu'on passe loin du toit paternel semblent toujours bien longues ; nous tacherons cependant de vous distraire. Voulez-vous que je vous fasse connaître la maison.

ANNE-MARIE.

Bien volontiers; soyez mon cicerone. Mais de grâce dites-moi votre nom, je sens que nous sommes destinées à nous aimer beaucoup.

LOUISE.

On m'appelle Louise. Votre amitié, Mademoiselle...

ANNE-MARIE.

Plus de *mademoiselle*, dites Jeanne, je dirai Louise, le voulez-vous? Louise que j'aime ce nom..... Allons, chère Louise, guidez-moi et voyons enfin ce Saint-Cyr tant vanté.

LOUISE (allant vers la porte de droite).

Par ici, mademoi...

ANNE-MARIE.

Chut! pas une syllabe de plus ou je donne tout à fait dans les grandes cérémonies,

LOUISE.

Je me rends. Mais vous êtes fatiguée, Jeanne, remettons à demain la visite de l'établissement; je veux vous montrer aujourd'hui... (Elles sortent, Anne-Marie s'appuie au bras de Louise; leurs paroles se perdent dans l'éloignement).

ACTE II.

Scène première.

ANNE-MARIE, LOUISE.

ANNE-MARIE.

Ainsi donc, chère Louise, vous n'êtes pas du goût de mademoiselle Françoise qui trouve notre princesse adorable; le mot est un peu fort, mais je répète littéralement.

LOUISE.

C'est une chose que je n'oserais dire à nulle autre qu'à vous, Jeanne, mais depuis ces trois jours, avouez qu'elle n'a fait qu'entasser sottise sur sottise.

ANNE-MARIE.

Ce n'est point l'avis de tout le monde.

LOUISE.

C'est au moins le vôtre.

ANNE-MARIE.

Peut-être bien ; mais rien ne prouve que mon avis soit préférable à celui de Françoise.

LOUISE.

Françoise l'excuse, elle a raison et devant toute autre que vous j'en ferais de même ; sa naissance doit être respectée.

ANNE-MARIE.

Il y a loin de cela au culte que Françoise lui a voué.

LOUISE.

Il est possible aussi que Françoise pense à l'avenir, cette princesse peut se marier...

ANNE-MARIE.

Ah oui, un peu de calcul et beaucoup d'orgueil. Dieu, est-elle fière de la préférence de cette princesse!

LOUISE.

Vous semblez irritée contre elle.

ANNE-MARIE.

Moi ? et pourquoi le serais-je; je n'étais que la fille d'un gentillâtre campagnard, je ne pouvais être son amie : qu'ai-je d'ailleurs à lui envier sous ce rapport?

LOUISE.

Hélas! ma chère Jeanne, malgré le plaisir que j'éprouve à vous donner ce doux nom d'amie, je voudrais que vous eussiez plutôt cherché l'amitié de la princesse que la mienne; son amitié est puissante tandis que... oh! Jeanne, Jeanne, une affreuse idée me tourmente, vous avez par affection pour moi compromis peut-être votre avenir.

ANNE-MARIE.

Mais tu t'affliges mal à propos, ma Louise; qui t'assure que la princesse m'eût distinguée, si j'avais recherché son amitié.

LOUISE.

Si elle vous eût distinguée! tout extravagante qu'elle paraisse, elle n'aurait pu moins faire. Jeanne; il est peut-être encore temps.

ANNE-MARIE.

Je vais vous renvoyer la balle, Louise ; pourquoi n'avez-vous pas fait vous-même ce que vous me conseillez si bien.

LOUISE.

Quelle chance avais-je, moi fille d'un proscrit?... je vous ai raconté nos malheurs, vous savez.....

ANNE-MARIE.

C'est égal, à votre place j'aurais essayé.

LOUISE.

Tenez, Jeanne, vous voulez que je vous le dise ; eh bien, mon avenir y eût-il été enchaîné, je ne pouvais me résoudre à gaspiller en écoutant les sornettes de cette princesse, les courts instants qu'il m'était permis de passer avec vous.

ANNE-MARIE.

Tu m'aimes donc bien?

LOUISE.

Comment ne vous aimerais-je pas.

(Air : *de l'hirondelle.*)

Je trouve en vous la douceur et la grâce,
Une indulgence, une affection de sœur,
Et j'obéis au pouvoir qui m'enlace
Car ce pouvoir est l'instinct de mon cœur.

ANNE-MARIE.

Chère amie et bien moi aussi je t'aime tendrement.
Car je cherchais, lasse enfin du mensonge,
Un cœur qu'on put s'attacher à jamais ;

Et le Seigneur a rempli mon doux songe,
Je trouve en toi plus que je n'espérais !
Toutes deux.
O ma chérie !
Sois mon amie,
Que l'amitié consacre ces beaux jours;
Quelle nous lie,
Mais pour la vie;
Jurons, jurons de nous aimer toujours.

Scène II.

ANNE-MARIE, LOUISE, FRANÇOISE.

FRANÇOISE.
Je trouble sons doute vos... épanchements.
LOUISE.
Point du tout, chère Françoise, entrez, loin de nous gêner, vous êtes toujours la bien venue. Est-ce nous que vous cherchiez?
FRANÇOISE
La franchise est ma vertu ; je vous avouerai donc franchement que je cherchais ici son Altesse et non pas vous.
ANNE-MARIE.
La franchise est en effet une qualité précieuse, mademoiselle ; cependant je m'étonne de la trouver dans la favorite d'une princesse; c'est une qualité qui n'est pas ordinairement de mise à la cour.

FRANÇOISE.

Mademoiselle Jeanne l'a sans doute entendu dire.

ANNE-MARIE.

Pourquoi cela?

FRANÇOISE.

Mon Dieu, je présume que ce n'est pas chez son père qu'elle a pu s'instruire des usages de la cour.

ANNE-MARIE.

Eh! mademoiselle, vous oubliez que mon père est voisin du vôtre.

LOUISE.

De grâce, ma chère Françoise, songez que Jeanne est nouvellement arrivée ici, songez qu'elle vous a été recommandée par madame de Maintenon.

FRANÇOISE.

Est-ce donc une raison pour qu'on se croie... mais qu'y a-t-il à vous dire, vous êtes son amie.

ANNE-MARIE.

Vous dites vrai, mademoiselle, Louise a bien voulu m'accorder son amitié et recevoir la mienne en échange; vous avez préféré celle de la princesse, rien de plus naturel, elle ne vous en fait pas un crime; imitez sa discrétion. Mais je m'aperçois que cette petite discussion te fatigue, ma Louise, pardonne-moi, tu as je crois quelque chose à dire à mademoiselle, je te laisse avec elle.

Scène III.

FRANÇOISE, LOUISE.

FRANÇOISE.

Quels airs, cette petite bourgeoise se donne!

LOUISE.

Oh! si vous la connaissiez mieux, Françoise!

FRANÇOISE.

J'en serais enchantée, vraiment.

LOUISE.

Elle vous a témoigné tant d'amitié les premiers jours; elle paraissait tant désirer de se lier avec vous.

FRANÇOISE.

Il faudra bon gré mal gré qu'elle s'en passe.

LOUISE.

Madame de Maintenon vous l'avait recommandée...

FRANÇOISE.

Parce que son père est voisin du mien; voilà certes un motif précieux pour me charger d'une première venue.

LOUISE.

Ah! elle n'est point une première venue; elle est si bien!

FRANÇOISE.

Elle sent le commun!

LOUISE.

Elle?... vous n'êtes pas de bonne foi!

FRANÇOISE.

Elle manque de manières, de bon ton; elle a besoin de se former aux usages du monde qui lui sont totalement étrangers; avec cela d'une familiarité!...

LOUISE.

Je ne l'ai point vue comme cela : elle m'a semblé au

contraire un modèle parfait d'élégance, de politesse et de modestie ; dans ce que vous nommez sa familiarité, je n'ai vu que de la bienveillance et...

FRANÇOISE.

Ah! ah! ah! le mot est heureux! bienveillance! nous avons été honorées de la bienveillance de mademoiselle Jeanne.

LOUISE.

Vous riez, Françoise! brisons-la, nous ne nous entendrons jamais à ce sujet. Ecoutez : j'ai besoin de la bienveillance de quelqu'un, mais ce n'est pas de celle de Jeanne, c'est de la vôtre.

FRANÇOISE.

De la mienne! comment cela? tout ce que je pourrai faire pour vous obliger, Louise, soyez assurée que je le ferai.

LOUISE

Merci, chère Françoise, merci. Vous êtes avec la princesse sur le pied de la plus grande intimité?

FRANÇOISE.

Vraiment oui, la princesse me témoigne mille bontés; mais quel rapport?..

LOUISE.

Le plus grand rapport. Vous connaissez mes infortunes, il n'est pas besoin que je vous les rappelle ; si la princesse voulait employer son crédit pour mon malheureux père ?

FRANÇOISE.

Cela est fort délicat, car le roi, m'a-t-on dit est singulièrement irrité ; mais notre aimable princesse à beaucoup d'empire sur son esprit. Enfin, Louise, j'essaierai, soyez du reste convaincue que, à ma prière, Son Altesse ne négligera rien.

LOUISE.

Ah ! vous me rendez l'espoir.

FRANÇOISE.

La princesse est si bonne !

LOUISE.

Je l'entends et vous laisse. Chère Françoise, je compte sur vous.

FRANÇOISE.

Soyez sans crainte.

Scène IV.

FRANÇOISE, ROSETTE, HORTENSE, ATHÉNAIS.

ROSETTE (apercevant Françoise).

Enfin la voilà ! il y a des siècles que nous vous cherchons, où donc avez vous passé cette matinée ? Hortense, allez-moi chercher un verre d'eau.

FRANÇOISE.

J'étais occupée par...

ROSETTE (l'interrompant).

Sucrée, au moins, sucrée (à Françoise), vous dites ?

FRANÇOISE.

J'étais occupée par les....

ROSETTE (l'interrompant).

Avec quelques gouttes de vin d'Espagne, Hortense,

Hortense!... (Hortense reparaît) non décidément j'aime mieux le jus de citron (à Françoise). Qu'est-ce que vous me disiez, vous?

FRANÇOISE,

Je disais à Votre Altesse que j'étais occupée, par les ordres de madame la directrice, à des devoirs fort longs..

ROSETTE.

Plaisanterie à part, est-ce que ces devoirs ne vous ennuient point?

FRANÇOISE.

Surtout, madame, lorsque je pourrais passer si agréablement mes heures auprès de vous.

ROSETTE.

Quelle est charmante! vous ne voudriez donc pas me quitter?

FRANÇOISE.

C'est mon vœu le plus ardent.

ROSETTE.

Eh bien! je vous promets une place dans ma maison aussitôt que je serai mariée.

FRANÇOISE.

Une si charmante promesse, madame, me comble de joie.

HORTENSE (en rentrant).

Voici le verre d'eau que Son Altesse a demandé.

ROSETTE.

Posez-le ici, quand j'aurai soif, je boirai.

FRANÇOISE.

La bonté de Votre Altesse m'enhardit à lui présenter une requête, si elle daigne me le permettre.

ROSETTE.

Je daigne, je daigne ; vous pouvez requérir tout ce que vous voudrez. (elle se lève).

(Air *du Charlatan*).

Présentez placet, requête,
Pétition et cœtera,
Parlez Son Altesse est prête,
Son Altesse écoutera.
Car je veux que personne n'ignore
Que, parole d'honneur,
Françoise a pouvoir sur mon cœur.
D'une voix sonore,
Quand elle m'implore,
Tout est accordé
Avant qu'être demandé.

FRANÇOISE.

Ah ! madame, je suis confuse de tant de bonté.

ROSETTE.

Hein ! mes enfants, comment trouvez-vous ceux-là ? (les jeunes filles se regardent sans répondre), c'est moi qui ai composé ces vers.

HORTENSE.

Votre Altesse réunit tous les talents.

ROSETTE.

Comment les trouvez-vous ?

TOUTES.

Parfaits.

ROSETTE (s'asseyant).

Ah ça, vous aviez une requête à me faire ?

FRANÇOISE.

Oui, madame.

ROSETTE.

J'écoute, parlez.

FRANÇOISE.

Je voulais implorer votre bonté...

ROSETTE (un signe de tête).

Ma bonté...

FRANÇOISE.

Pour une jeune personne très-malheureuse...

ROSETTE (un signe de tête).

Très-malheureuse.

FRANÇOISE.

Si je ne m'adressais à une âme d'élite, j'essaierais de peindre...

ROSETTE (se tournant vers Hortense).

Donnez-moi à boire (à Françoise). Allez toujours. (Pendant ce qui suit, Rosette boit à petites gorgées).

FRANÇOISE.

Elle est parmi nous un modèle de douceur, de modestie...

ROSETTE (un signe de tête).

De modestie.

FRANÇOISE.

C'est la pauvre Louise ; Votre Altesse, avec le tact parfait qui la distingue, l'a sans doute remarquée... Je suis certaine que Votre Altesse s'y intéresse ?

ROSETTE.

Voilà de la fameuse eau sucrée !... qui l'a faite ?

HORTENSE.

C'est moi, madame.

ROSETTE.

Vous avez un talent particulier pour cela ; je ne m'y entends pas mal non plus. Comment la faites-vous ?

HORTENSE (un peu étonnée).

Comment je la fais ?

ROSETTE.

Oui.

HORTENSE.

Madame, je prends trois ou quatre morceaux de sucre que je laisse fondre dans un peu d'eau ; quand tout est fondu, j'achève de remplir le verre.

ROSETTE.

Et le jus de citron ?

HORTENSE.

Quelques gouttes.

ROSETTE.

On se souviendra de vous. Ah! çà, vous disiez, Françoise, que j'avais remarqué la petite Louise ?... mais oui je l'ai remarquée, elle m'intéresse beaucoup. Laquelle est-ce que vous nommez Louise, est-ce cette grande brune ou cette petite blonde? qu'est-ce qui la rend à plaindre ?

FRANÇOISE.

Madame, Louise est une blonde, d'une taille un peu plus élevée que celle d'Athénaïs. Nous voulions prier Votre Altesse de solliciter du roi la grâce de son père.

ROSETTE.

Est-ce qu'il est aux galères, son père

FRANÇOISE.

Oh non, madame, grâce à Dieu ! il est seulement exilé.

ROSETTE.

Tant pis pour lui, que veut-on que j'y fasse ? pourquoi est-il exilé ?

FRANÇOISE.

Il a été compromis dans les affaires...

ROSETTE (l'interrompant).

Un homme compromis dans ces affaires ! vous voulez que je m'y intéresse.

FRANÇOISE.

C'est peut-être moins grave que Votre Altesse ne le suppose ; je n'ai pas eu le temps de lui expliquer...

ROSETTE.

Et ne sais-je pas, ne me souviens-je pas... ne me rappellé-je pas... un homme si fort compromis !... ah ! mademoiselle Françoise, je vous croyais meilleure amie du trône et de la société ; comment, vous vous intéressez à cet homme ? où faut-il grand Dieu ! chercher des amis !...

FRANÇOISE.

Mais, madame... je vous jure... j'ignorais...

ROSETTE.

Va-t-on parler sans savoir ?... non, non, chacun sait combien le roi est irrité de cette affaire et moi qui ne vois que par les yeux de Sa Majesté... Grand Dieu !

FRANÇOISE.

Puisque la cause est si mauvaise, je l'abandonne ;

mais au moins, madame, ne me retirez pas vos bontés.

ROSETTE.

Soutenir un homme compromis à ce point!... O vous qui m'êtes fidèle, ma chère Athénaïs... (Athénaïs se penche), posez je vous prie mon verre sur la table, il m'embarrasse.

FRANÇOISE (à part).

O malheur !

Scène V.

Les mêmes, HENRIETTE, AURE, MARIE, CHARLOTTE, VICTOIRE, SOPHIE.

AURE (à ses compagnes).

Elle y est !

ATHÉNAÏS.

Que voulez-vous ?

AURE.

Nous venions requérir de Son Altesse la permission de nous présenter devant elle.

ROSETTE.

Entrez.

VICTOIRE (à part, tirant Charlotte).

Laquais, laquais !

HENRIETTE (à part).

Chut !

MARIE (à part).

Bon Dieu ! qu'a donc Françoise ? elle paraît morfondue ?

AURE (de même).

Et son Altesse, on dirait qu'elle a perdu la parole.

CHARLOTTE (aux petites).

Son Altesse perdre la parole!...

HORTENSE.

Votre Altesse semble fatiguée ?

ROSETTE.

J'ai mal au cœur.

FRANÇOISE.

Ah ciel !

ATHÉNAIS.

Vite quelque chose !

AURE.

Un docteur !

CHARLOTTE (à part).

Docteur, docteur !...

VICTOIRE (à part).

A tout prix un docteur !

SOPHIE.

Taisez-vous, on va vous entendre.

HORTENSE.

Si l'on appelait Thérèse ?

ROSETTE.

Pourquoi ?

ATHÉNAIS.

Votre Altesse a mal au cœur.

ROSETTE.

Ah ! ah ! ah !... le tour n'est pas mauvais ; il y a, mes chères demoiselles, un quiproquo, mais le plus

drôle des quiproquos. J'en ris encore. Ah ! ah ! ah ! ..
en disant que j'avais mal au cœur, je voulais seulement vous faire comprendre combien mon cœur était affecté, était désolé, était malade, en un mot, de certaines choses connues de ces demoiselles et de moi. Voilà tout.

ANNE-MARIE.

Heureusement que Votre Altesse est déjà consolée. (Les petites élèves se mettent à rire).

ROSETTE.

Vraiment oui. Ah ça, enfants, pas tant de bruit, vous me rompez la tête.

CHARLOTTE.

Son Altesse a mal à la tête ?

VICTOIRE (à demi voix).

Un docteur, un docteur !

ATHÉNAÏS.

Ah ! voilà qui passe toutes bornes ; et je vais prévenir madame la directrice.

HORTENSE.

Des scènes aussi scandaleuses !

ROSETTE.

Quoi donc ?

HORTENSE.

On ose mettre en jeu Votre Altesse elle-même.

FRANÇOISE.

Petites sottes !

HENRIETTE.

Je prie Votre Altesse d'excuser ces enfants, elles ne sont coupables que d'un peu d'étourderie.

ROSETTE.

Ce n'est pas la première fois que je remarque...

AURE (faisant la révérence).

Ce n'est pas de vous, madame, que nous nous moquions.

ROSETTE (une révérence).

Pardonnez-moi, mademoiselle, c'est de moi que vous vous moquiez...

AURE (une révérence).

C'était de ces demoiselles qui...

ROSETTE (une révérence).

Ce n'est pas du tout de ces demoiselles qui..... je suis fâchée de vous donner le démenti ; mais c'est fort laid de se moquer, et certainement je m'en plaindrai. Suis-je venue ici pour qu'on me tourne en ridicule, et les demoiselles de Saint-Cyr sont-elles donc si mal élevées ?... Je vous ferai *dauber* d'importance, moi, pour vous apprendre la politesse..... Devrait-on attendre ça de demoiselles qui sont élevées avec soin par les plus respectables femmes que la terre ait produites. Ah fi! ah fi! moi qui ne suis qu'une pauvre, qu'une pauvre... qu'une pauvre princesse, je ne voudrais pas pour les mines du Pérou me moquer de quelqu'un. Nous verrons ce qu'il en résultera.

TOUTES.

Madame !...

HORTENSE.

C'est bien fait ; elles sont d'une insolence !...

ATHÉNAÏS.

Intolérable !

HENRIETTE.

Elles ont eu tort, sans doute ; mais Votre Altesse aura égard à leur jeune âge.

ROSETTE.

C'est bientôt dit... Ah ça, voici l'heure de la promenade ; venez, ma chère Hortense, venez, ma chère Athénaïs. (Elle sort, les élèves la suivent).

Scène VI.

FRANÇOISE, LOUISE.

LOUISE (paraissant par une porte opposée et arrêtant Françoise).

Eh bien, chère Françoise ?

FRANÇOISE.

Ah ! Dieu ! laissez-moi.

LOUISE.

Avez-vous parlé à la princesse ?

FRANÇOISE.

Je ne lui ai parlé, ni ne veux lui parler, certes ; à votre sujet du moins.

LOUISE (la retenant).

Vous m'aviez promis...

FRANÇOISE.

Je ne m'en souviens plus et vous ne m'aviez pas expliqué le danger d'une telle négociation ; c'est un piége véritable que vous m'avez tendu.

LOUISE.

Moi ! un piége !..... oh ! Françoise, avez-vous pu le croire?

FRANÇOISE.

Laissez-moi !

LOUISE (la retenant).

Un mot...

FRANÇOISE (cherchant à s'échapper).

Non, vous dis-je, laissez-moi !

LOUISE (se jetant à genoux).

Françoise, je vous en supplie !

FRANÇOISE.

C'est fort inutile, je ne puis rien, le roi n'accordera rien ; il est d'une colère effroyable. La princesse est irritée au dernier point, et peut-être, pour lui avoir parlé de votre père, ai-je perdu à tout jamais ses bonnes grâces? Ne comptez donc plus sur moi, car, bien certainement, je ne lui en ouvrirai plus la bouche. (Elle sort).

Scène VII.

LOUISE (seule).

Oh ! mon Dieu ! mon Dieu ! il est donc vrai, ce dernier espoir est éteint !... Mon pauvre vieux père, tu ne reverras pas avant de mourir le ciel de ton pays et le toit qui t'a vu naître !... Ah ! que je suis malheureuse ! partir... Mais quoi ! j'hésiterais encore !... Mon père malade me désire et je resterais ici... et sa voix défaillante s'épuiserait en vain à m'appeler! Non, mille fois non ; partons. Si l'amitié, si la reconnaissance m'attachent ici, le plus saint des devoirs me réclame près de lui, ne différons plus. (Elle se met à genoux).

(Air : *Enfants d'une même chaumière*).

O toi que l'univers adore,
Toi qui vois ma douleur,
Pitié pour moi, Seigneur !
Tu soutiens l'humble qui t'implore
Et pèse au même poids
Les pauvres et les rois.
Esquif assiégé par l'orage
Je vais périr sans ton secours ;
Mon Dieu, donne-moi du courage,
C'est à toi seul que j'ai recours !
De la vertu charmant asile,
Compagnes que j'aimais,
Adieu donc pour jamais !

(Elle se relève et se dispose à sortir ; Anne-Marie paraît).

Scène VIII.

LOUISE, ANNE-MARIE.

ANNE-MARIE.

Qu'as-tu ?

LOUISE.

Hélas ! hélas ! Jeanne, que je suis malheureuse !

ANNE-MARIE.

Allons, calme-toi !

LOUISE.

Il faut que je vous quitte, Jeanne, il faut que je parte, je ne puis tarder sans crime. J'espérais que le roi se laisserait toucher, il refuse même de nous entendre, et mon père se meurt et m'appelle ! ô Jeanne ! Jeanne ! j'emporte le regret de vous avoir quittée sitôt.

ANNE-MARIE.

Tu ne peux partir ainsi.

LOUISE.

Si vous saviez ?...

ANNE-MARIE.

Je sais tout ; j'étais là, j'ai entendu comme Françoise t'a repoussée ; néanmoins je te prie d'attendre encore quelque temps.

LOUISE.

Attendre, attendre !... le puis-je ?

ANNE-MARIE.

Eh bien soit, tu partiras ; mais, ma chère Louise, est-ce trop te demander que le reste de cette journée ? Je quitte Saint-Cyr moi-même, refuseras-tu de m'accorder quelques heures, tu seras libre ensuite d'aller où ton bon cœur t'appelle : veux-tu ?

LOUISE.

Puis-je vous refuser, Jeanne ; mais vous ne m'aviez pas dit que vous dussiez quitter cette maison.

ANNE-MARIE.

Que veux-tu ? nul ne peut prévoir tous les changements de sa destinée ; souvent dans un même jour on passe plusieurs fois de l'espérance à la tristesse et du

13

désespoir à la joie. Dieu n'abandonne pas ceux qui ont confiance en lui : espère encore.

LOUISE.

Hélas ! l'espoir est éteint dans mon cœur.

ANNE-MARIE.

Je ne sais quel pressentiment m'avertit que tu as grand tort de t'affliger ; crois-moi, ce jour, ma chère Louise, ne se passera pas sans quelque événement heureux.

LOUISE.

Ah ! ma bonne Jeanne, votre pressentiment est trompeur ; que voulez-vous qu'il nous arrive d'heureux puisque le roi est si fort irrité.

ANNE-MARIE.

Nous verrons qui se trompe de toi ou de moi. Allons, chasse cette tristesse, voici ces demoiselles et peut-être aussi leur extravagante princesse, que l'on ne voie pas que tu aies pleuré.

Scène IX.

ANNE-MARIE, LOUISE, HENRIETTE, AURE, MARIE, SOPHIE, CHARLOTTE, VICTOIRE.

CHARLOTTE (se tournant du côté de la porte et faisant un salut).

Je vous souhaite beaucoup de plaisir, madame.

VICTOIRE.

Que l'air dissipe votre mal de cœur.

AURE.
Que les zéphyrs voltigent autour de vous.
HENRIETTE.
Trêve aux plaisanteries, s'il vous plaît; nous n'avons que très-peu de temps, utilisons-le bien.
MARIE.
Le moyen de repasser puisque Françoise, Athénaïs et Hortense courent après la princesse.
SOPHIE.
Il faudrait les envoyer chercher.
VICTOIRE.
Laquais, laquais... appelez vite un laquais...
CHARLOTTE.
Il n'y a point de laquais; comment cette maison est-elle donc organisée? Il faut à tout prix un laquais!
LOUISE.
Charlotte, Victoire, taisez-vous; elle est d'un rang...
AURE.
Mais est-il permis d'être ridicule parce qu'on est d'un rang élevé?
HENRIETTE.
D'ailleurs nous pouvons étudier un grand nombre de scènes sans ces demoiselles; et ce serait perdre notre temps que de l'employer à nous amuser des mots de Son Altesse.
LOUISE.
Assurément; voyons les scènes qui se passent dans l'intérieur du temple.
HENRIETTE.
Commençons.

AUBE.

Commençons.

TOUTES.

Commençons. (Elles se rangent et laissent la scène libre à Henriette et à Charlotte, Louise tient le cahier).

LOUISE.

A toi, Charlotte.

CHARLOTTE (courant dans les bras d'Henriette).

« Mon père !

HENRIETTE.

« Eh bien ! mon fils ?

CHARLOTTE.

« Qu'est-ce donc qu'on prépare ? (Pendant ce qui suit, Victoire tire Charlotte et répète tout bas, un laquais, un docteur).

HENRIETTE.

« Il est juste, mon fils, que je vous le déclare ;
« Il faut que vous soyez instruit, même avant tous,
« Des grands desseins de Dieu sur son peuple et sur
    Là, là, Charlotte, regarde-moi donc !   [vous...

CHARLOTTE.

Je fais ce que je puis ; Victoire, finissez.

HENRIETTE.

« Armez-vous d'un courage et d'une foi nouvelle. »

VICTOIRE (en même temps, à part).

J'ai mal au cœur.

CHARLOTTE.

Vite ! un docteur !

HENRIETTE.

Charlotte, vous n'êtes pas gentille ; voyez mademoiselle Jeanne qui, sans doute, est bien surprise de voir à quelle petite cervelle dissipée était confié le beau rôle de Joas.

CHARLOTTE.

C'est vrai qu'il est bien beau, ce rôle. Allons, Victoire, laissez-moi tranquille.

SOPHIE (chantonnant).

Moi j'aime mieux la musique de Bourdaloue ! (Rire général).

MARIE.

Vous causez à votre aise, et pendant ce temps Henriette apprend toujours.

CHARLOTTE.

J'y suis cette fois ; ma chère Henriette, parlez, je vous en prie.

HENRIETTE.

Est-ce pour tout de bon ?

CHARLOTTE.

Ma parole d'honneur !

TOUTES.

Ah ! ah ! ah !...

LOUISE.

Charlotte !

CHARLOTTE.

Ma bonne Henriette, c'est fini cette fois, continuez.

HENRIETTE.

« Mais sur l'un de ces rois, s'il fallait vous régler,
« A qui choisiriez-vous, mon fils, de ressembler ?

CHARLOTTE.

Ce ne serait pas à la princesse qui est ici, à coup sûr.

TOUTES.

Ah! ah! ah!

LOUISE.

Encore ?

CHARLOTTE.

Grâce! (Elle reprend un air sérieux). « David... non, Salomon, non, David... (Elle regarde son cahier).

SOPHIE.

Ah! les beaux vers! (Elle imite Charlotte). David, non, Salomon... non, David.

CHARLOTTE.

N'est-il pas permis de se tromper?

MARIE.

Quand depuis huit jours on n'étudie plus.

CHARLOTTE.

« David, pour le Seigneur plein d'un amour fidèle,
« Me semble des grands rois le plus parfait modèle.

Scène X.

Les mêmes, FRANÇOISE, ATHENAIS, HORTENSE, THÉRÈSE.

FRANÇOISE.

Mon Dieu, Thérèse, il me semble que les ordres de Son Altesse doivent passer avant ceux...

THÉRÈSE (l'interrompant).

Madame la directrice m'a ordonné de vous dire que vous vous rendiez auprès de vos compagnes afin d'étudier ; elle a même ajouté que, sans avoir égard aux prétextes, elle punirait sévèrement celle qui oserait désobéir ; est-ce entendu ?

ATHÉNAÏS.

C'est assez clair ; mais il n'en est pas moins plaisant que Son Altesse reste seule à s'ennuyer, pendant que nous obéissons aux ordres de la directrice.

THÉRÈSE.

Eh pardine ! il n'y a ni prince ni princesse qui tienne ; n'est-elle pas la maîtresse ici ?

HORTENSE.

Elle devrait au moins choisir un peu mieux ses messagers ; il me semble que si elle est en droit de donner des ordres, ce droit ne devrait pas s'étendre jusqu'à vous ?

THÉRÈSE.

Vous verrez tout-à-l'heure qu'il faudra être titrée ni plus ni moins qu'un conseiller au parlement...

FRANÇOISE.

Il suffit, Thérèse, il suffit ; faites-nous grâce du reste, nous ne sommes pas ici au sermon...

AURE.

Comment, Thérèse, vous voulez rivaliser avec le père Quinault ?

THÉRÈSE.

Le père quoi ?

TOUTES.

Ah ! ah ! ah !...

MARIE.

Quinault ?

THÉRÈSE.

Je ne me souviens pas de celui-là ; j'en ai pourtant bien annoncé à Madame...

AURE.

Il faisait jadis des opéras, mais il paraît que depuis peu...

FRANÇOISE.

Que toute cette plaisanterie est de mauvais goût !

ATHÉNAÏS.

C'est le comble de l'inconvenance.

CHARLOTTE.

La princesse n'a-t-elle pas dit en propres termes qu'elle avait chanté à un sermon du père Quinault?

FRANÇOISE.

Eh mon Dieu ! n'est-il donc pas permis de se tromper, et n'arrive-t-il pas souvent de dire une chose pour une autre ?

HORTENSE.

D'ailleurs, Quinault, Bourdaloue, cela se ressemble un peu.

THÉRÈSE.

Pas mal, tout comme un âne et un quarteron de...

FRANÇOISE.

De quoi se mêle cette fille ?

ATHÉNAÏS.

Nous forcer à entendre des propos de bas étage...

LOUISE.

Eh sans doute, il est permis de se tromper.

ANNE-MARIE.

On peut également confondre Lulli avec Rubens ; les noms ont un rapport surprenant.

FRANÇOISE.

Mademoiselle Jeanne fait aussi de la critique ?

ANNE-MARIE.

M'en refusez-vous le droit ?

FRANÇOISE.

Nullement. Toutefois je dis en thèse générale que, avant de se la permettre, on devrait aller un peu à l'école du bon ton.

ANNE-MARIE.

Depuis huit jours que j'ai l'avantage d'être auprès de vous, mademoiselle, ne suis-je pas à une excellente école ?

HENRIETTE.

Et notre répétition, grand Dieu ! c'est aujourd'hui que revient madame de Maintenon, nous ne saurons certainement pas.

VICTOIRE.

Elle va nous *dauber* d'importance.

TOUTES LES PETITES.

Ah ! ah ! ah !...

CHARLOTTE (d'un air naïf).

Françoise, qu'est-ce donc que cela veut dire *dauber* ?

FRANÇOISE.

Laissez-moi, je vous prie, mademoiselle Charlotte.

SOPHIE (à part).

Je daube, tu daubes... terme de prince, elle daube...

ATHÉNAÏS, HORTENSE ET FRANÇOISE.

Insupportables enfants!

AURE.

Avou ezque le terme est plaisant dans sa bouche.

FRANÇOISE.

Vous devriez savoir que nos meilleurs auteurs ont mis à la mode certains termes populaires, et que ces termes sont adoptés aujourd'hui dans les meilleures sociétés.

HENRIETTE.

Assurément et *dauber* est du nombre; mais si vous voulez m'en croire, faisons en sorte de n'être pas daubées; étudions.

TOUTES.

Etudions.

VICTOIRE (à Charlotte et lui faisant une révérence).

A vous Charlotte.

CHARLOTTE (une révérence).

Non pas, s'il vous plaît, Victoire, c'est à vous.

VICTOIRE (une révérence).

Je vous demande pardon, Je ne commencerai pas.

CHARLOTTE (une révérence).

Je suis votre servante, mais vous commencerez. (Les élèves se mettent à rire).

HORTENSE.

Quelle scène! ah fi!...

AURE (à part).

Ah! fi, ah! fi...

TOUTES LES PETITES.

Ah! ah! ah!

MARIE (à demi voix).

Moi qui ne suis qu'une... !

SOPHIE (un peu plus bas).

Pauvre.....

CHARLOTTE (presque tout bas).

Princesse......

FRANÇOISE.

Je vous préviens que si cela ne finit pas, je quitte la partie; ces enfants sont d'une insolence !...

THÉRÈSE.

Ma foi, elles m'amusent plus qu'avec les mots longs d'une toise que madame leur apprend.

FRANÇOISE.

On devrait respecter sa naissance.

ANNNE-MARIE.

C'est une triste ressource, mademoiselle, que d'être obligé d'invoquer les privilèges de la naissance pour obtenir le respect; les seuls hommages qui soient sincères sont les hommages qu'on accorde à la vertu ou bien au mérite.

FRANÇOISE.

Encore un sermon !

ANNE-MARIE.

N'avons-nous pas aussi bien que Quinault le droit d'en faire.

FRANÇOISE.

Une fois pour toutes, je ne souffrirai pas qu'on attaque davantage la princesse en ces lieux.

HENRIETTE.

Calme-toi on n'attaque ni sa personne ni sa naissance.

AURE.

Mais seulement ses ridicules.

FRANÇOISE, ATHÉNAÏS ET HORTENSE.

Ses ridicules !...

ANNE-MARIE.

Avouez, mesdemoiselles, que vous en conviendriez vous-mêmes, si elle n'était princesse.

FRANÇOISE.

Mademoiselle, je ne vous reconnais pas le droit de nous interroger; la princesse m'a semblé une personne accomplie et j'ai rejeté quelques erreurs, légères du reste, sur la rapidité du discours.

THÉRÈSE.

Voi !... pourquoi parle-t-elle trop vite.

ANNE-MARIE.

Ainsi vous la trouvez charmante ?

FRANÇOISE.

Je ne suis pas la seule.

HORTENSE ET ATHENAÏS.

Non certes.

ANNE-MARIE.

Je vous estime assez pour croire que vous n'êtes pas sincères.

FRANÇOISE.

Ce que vous pensez de moi m'importe peu; et je m'en vais vous dire un petit adage, très-juste, que j'ai lu quelque part.

ANNE-MARIE.

Voyons.

FRANÇOISE.

Tel qui voit une paille dans l'œil de son voisin, ne voit pas une poutre dans le sien.

TOUTES (à l'exception d'Hortense et d'Athénaïs).

Oh !...

ANNE-MARIE.

Je comprends la leçon et je vous en remercie. Je ne croyais pas cependant ressembler tout-à-fait...

FRANÇOISE.

Bon Dieu !... croyez-vous que j'aie l'idée de faire une comparaison entre vous ? Mais brisons là ; Madame de Maintenon n'a pas amené ici cette charmante princesse pour que nous la laissions s'ennuyer, et je vais...

THÉRÈSE.

Madame a dit...

FRANÇOISE.

Les ordres de Madame de Maintenon passent avant ceux de madame la directrice.

HENRIETTE.

Eh ! madame de Maintenon est-elle toujours si bien obéie ?

AURE.

N'avait-elle pas recommandé l'aimable Jeanne à votre affection ?

FRANÇOISE.

L'affection ne se commande pas.

ANNE-MARIE.

C'est très-bon à savoir.

Scène XI.

Les mêmes, ROSETTE.

ROSETTE.

Ah ! Dieu ! que je m'ennuie ; vous me laissez seule, Françoise, après que je vous ai si généreusement pardonné !

FRANÇOISE.

Que Votre Altesse en accuse les ordres sévères de madame la directrice ; je n'ai pas été libre.

ROSETTE.

Et mes ordres à moi, les comptez-vous pour rien ? Voyons, continuez votre répétition, je veux juger comme vous vous en tirez.

FRANÇOISE.

Si Votre Altesse le désire nous allons jouer la belle scène du cinquième acte, lorsque Athalie entre dans le temple dont le grand-prêtre à promis de livrer les trésors.

ROSETTE.

Elle n'était pas bête celle-là ; comment la nommez-vous ?

FRANÇOISE.

Athalie.

ROSETTE.

Athalie, c'est bien ; commencez, et vous petites, qu'on se taise ou sinon... (Les élèves se rangent pour commencer; Henriette est presque en face de Rosette. Françoise est entre elles, et comme elle parle à Henriette, elle ne peut voir Rosette).

FRANÇOISE.

« Te voilà séducteur !
« De ligues, de complots, pernicieux auteur,
« Qui dans le trouble seul as mis tes espérances
« Éternel ennemi...

(Rosette, assise dans un fauteuil, approuve de la tête ; et imite tous les gestes de Françoise. Les élèves se cachent pour rire ; Henriette se contient longtemps et finit par éclater).

FRANÇOISE.

Eh bien! qu'avez-vous à rire ?

HENRIETTE.

Excusez-moi, Françoise, je songeais...

ANNE-MARIE.

Au singe de Bourdaloue, n'est-ce pas ?

TOUTES.

Ah! ah! ah!...

FRANÇOISE.

Je n'y comprends rien.

ROSETTE.

C'est dommage qu'elle ait interrompu, ça marchait fort bien.

FRANÇOISE.

Madame, vous voyez jusqu'où va leur insolence ; il n'y a pas moyen de tenir à cette maison.

ROSETTE.

Cela suffit ; venez auprès de moi, nous aviserons à

vous en faire sortir. (Elle l'emmène et lui parle bas dans un coin).

THÉRÈSE.

Plus je regarde cette princesse, plus je me remémorie l'air de son visage.

AURE (à part à Henriette).

Comment donc, toi si raisonnable...

HENRIETTE.

Il m'a été absolument impossible de me retenir.

MARIE.

Elle paraît mécontente ; elle va se plaindre.

LES PETITES.

Nous sommes perdues !

HORTENSE.

Voilà Madame la directrice.

HENRIETTE.

Oh ! Dieu si elle m'accuse, comment pourrai-je me justifier sans l'offenser encore.

TOUTES.

Nous répondrons pour toi.

HENRIETTE.

Et que direz-vous ?

TOUTES.

La vérité.

Scène XII.

Les mêmes, LA DIRECTRICE.

LA DIRECTRICE.

Je vous salue, madame. Mes enfants, je viens vous donner avis de l'arrivée de madame de Maintenon.

ROSETTE.

Ah ! elle est arrivée ?

LA DIRECTRICE.

Oui, madame ; elle se repose un instant avant de se présenter devant vous. Nous irons ensuite, mes chères filles, chercher vos compagnes pour la répétition ; mais je crains bien que votre auguste protectrice n'ait pas lieu d'être contente.

ROSETTE.

Et pourquoi ?

THÉRÈSE (à part).

Décidément j'ai vu cette face-là quelque part. (elle sort).

LA DIRECTRICE.

Depuis huit jours, on n'a guère étudié ; vous surtout Françoise, Athénaïs et Hortense.

FRANÇOISE.

Nous n'avons pu refuser à Son Altesse...

ROSETTE.

Je les prends sous ma protection.

LA DIRECTRICE.

Je crains bien que cette protection ne suffise pas ;

enfin on jugera, et si les intentions secrètes de madame la marquise sont remplies, quelques jours de retard dans nos répétitions ne doivent pas être comptés.

THÉRÈSE, (annonçant).

Madame la marquise de Maintenon.

ROSETTE, (à part).

J'ai dans l'idée que ma principauté touche à sa fin.

Scène XIII.

LES MÊMES, MADAME DE MAINTENON.

Eh bien ! madame la directrice, ces enfants sont-elles préparées ; mais où donc est Son Altesse ?

FRANÇOISE, (avec empressement).

La voici, ma marraine.

MADAME DE MAINTENON.

Eh ! ma pauvre Rosette ! il paraît que tu fais des merveilles, que tu es un prodige d'amabilité et de bon ton.

(Les élèves se regardent avec étonnement).

ROSETTE.

Vous voyez, madame, je fais une princesse tout comme une autre.

MADAME DE MAINTENON.

Mais j'aperçois... (s'approchant d'Anne-Marie), ah ! madame, quelles excuses n'ai-je pas à faire à Votre Altesse pour des impertinences que je n'avais que trop prévues.

ANNE-MARIE.

Des excuses, chère marquise, pourquoi? J'ai fait comme autrefois un grand homme, j'ai porté la peine de ma mauvaise mine. Mais, que dis-je, j'ai trouvé ce que je souhaitais depuis si longtemps, un cœur véritablement bon, une parfaite amie, je bénis l'heureuse pensée qui m'a guidée ici.

LES ÉLÈVES se disent entre elles.

Mais... quoi donc? Comment?

AURE.

Nous ne comprenons pas.

MADAME DE MAINTENON.

Mes enfants on vous a trompées; mademoiselle Jeanne n'est autre que l'aimable princesse Anne-Marie.

TOUTES.

Mademoiselle Jeanne!

MADAME DE MAINTENON.

Elle-même.

HENRIETTE.

Oh! nous aurions dû la reconnaître.

AURE.

A sa bonté et à sa politesse.

LES PETITES.

A son indulgence. Quel bonheur, quel bonheur!

FRANÇOISE.

Je n'en puis revenir.

ATHÉNAÏS, (à Rosette).

Mais vous, qui êtes-vous donc?

ROSETTE.

(air *connu*).

Vous voulez savoir mon nom,
Ma charmante amie,
Je le dirai sans façon,
Puisqu'on m'en convie.
Voici l'heure et le moment,
Ou chacun son nom reprend ;
Moi je suis Rosette, ô gai !
Moi je suis Rosette.

TOUTES.

Rosette ?

ROSETTE.

Rosette ! vous pâlissez...
Calmez vos alarmes ;
Je laisse, ô vous qui m'aimez,
Mon cœur à vos larmes.
Chez Madame quelquefois,
Venez me voir toutes trois :
Je suis sa servante, ô gai !
Je suis sa servante.

FRANÇOISE, HORTENSE, ATHÉNAÏS.

O honte !

MADAME DE MAINTENON.

Eh bien, Françoise, êtes-vous convaincue ; cette épreuve que vous demandiez vous-même a-t-elle été assez concluante ?... à quel excès de ridicule la vanité vous a-t-elle conduite et me soutiendrez-vous encore que c'est au seul mérite que vous rendiez hommage ?

FRANÇOISE.

J'honorais en cette malheureuse le rang dont vous l'aviez affublée.

ROSETTE.

Par exemple ! vous honoriez dans cette malheureuse son amabilité, ses belles manières, ses vertus ; bah ! depuis que je ne suis plus princesse, ai-je donc cessé d'être adorable.

MADAME DE MAINTENON.

Rougissez, mesdemoiselles, de vous être laissé tromper si grossièrement.

ATHÉNAÏS.

Ces demoiselles comme nous ont cru...

MADAME DE MAINTENON.

Ces demoiselles ont été polies envers notre princesse improvisée, elles lui ont rendu ce qu'elles croyaient devoir à son rang ; mais sans aller jusqu'à excuser ses ridicules. Elles ont su faire la différence entre l'aimable fille d'un campagnard et l'extravagante fille d'un prince ; vous ne l'avez pas su, vous, parce que la vanité vous avait mis sur les yeux son épais bandeau : que cette leçon vous rende plus sages. Je n'en dirai pas plus long aujourd'hui, parce que la confusion vous accable, que vous n'êtes pas en état de m'entendre, et que j'ai pitié de vous ; mais désormais n'accordez votre estime à qui que ce soit, sans vous être un instant souvenue du rôle que vous venez de jouer.

ANNE-MARIE.

Epargnez-les, je vous en conjure, elles se repentent déjà.

MADAME DE MAINTENON.

Voici, Madame, ce que vous avez demandé au roi. (Elle lui présente un paquet cacheté).

ANNE-MARIE.

Merci cent fois à Sa Majesté, et à vous aussi, chère marquise. Eh bien, ma bonne Louise, ou donc es-tu ? Toi si empressée auprès de Jeanne, crains-tu de paraître devant la princesse ?

LOUISE.

Ah ! madame...

ANNE-MARIE.

Quoi ! tu pleures ?

LOUISE.

Pardonnez.

ANNE-MARIE.

Qu'as-tu ?

LOUISE.

Je perds mon amie.

ANNE-MARIE.

Non, Louise, tu as une amie véritable, une amie qui, princesse pour les autres, veut n'être pour toi que Jeanne. Voici la grâce de ton père ; c'est sur ce papier scellé du sceau royal et si précieux pour toi, que je te promets une affection éternelle.

LOUISE, (se jetant aux genoux de la princesse).

Comment témoigner à Votre Altesse.

ANNE-MARIE.

Tu en auras le temps, car désormais tu ne me quitteras plus ; je me charge de ton avenir.

LOUISE.

Ne plus vous quitter !... ah ! par quelles paroles exprimer mon bonheur !

TOUTES.

Que Dieu récompense Son Altesse.

MADAME DE MAINTENON.

Mes chères filles, puisque vous connaissez enfin l'auguste personne que, pendant huit jours, vous avez eu le bonheur de posséder, je vous donne toute cette journée pour lui témoigner votre reconnaissance. Allons rejoindre vos compagnes et que désormais, grâce à cet événement, la vanité, l'orgueil et les querelles disparaissent de cette maison.

FIN DE LA RÉPÉTITION D'ATHALIE.

LA JALOUSIE

PERSONNAGES.

Madame Surin.

Mademoiselle Valentine, sœur de Madame Surin.

Clémence,
Laure, } filles de Madame Surin.
Adele,

Cécile,
Herminie, } ses nièces.
Henriette,

Louise,
Célina,
Eugénie, } amies des demoiselles Surin.
Méline,
Pauline,

Fanny,
Mariette, } bonnes.

Fanchon, jeune villageoise.

LA JALOUSIE

ACTE PREMIER.

Scène première.

MADAME SURIN, MADEMOISELLE VALENTINE.

MADEMOISELLE VALENTINE.

Explique-toi, ma chère Félicie, je ne te comprends pas.

MADAME SURIN.

Il n'est que trop vrai, Valentine, je suis loin d'être une heureuse mère.

MADEMOISELLE VALENTINE.

Que peut-il manquer à ta félicité présente? Quelle crainte sérieuse peut te tourmenter pour l'avenir?..... Aurais-tu quelque embarras de fortune? M. Surin se serait-il livré à de fausses spéculations?.... tes lettres m'avaient fait croire tout le contraire.

MADAME SURIN.

Grâce à Dieu, jamais les affaires de monsieur Surin n'ont si bien prospéré.

MADEMOISELLE VALENTINE.

Mais alors, pourquoi donc habiller tout de noir dans l'avenir de tes charmantes filles ? Elles sont studieuses et intelligentes, tu en conviens toi-même ; leur extérieur est agréable et leur santé..... à faire envie aux roses ; avec de la fortune.....

MADAME SURIN.

Hélas ! que sont tous ces avantages pour le bonheur de la vie !

MADEMOISELLE VALENTINE.

Je t'en conjure, Félicie, explique-toi, car tu m'effraies. Ces avantages certainement ne constituent pas le bonheur, mais ils y contribuent, lorsque celle qui les possède ne les rend pas inutiles par quelque vice radical dans le cœur ou dans le caractère.

MADAME SURIN.

Et voilà justement ce qui cause mon chagrin, ma bien bonne sœur : le caractère de Laure, ma seconde fille, ne permet d'envisager, à mes yeux maternels, qu'un sombre avenir, non seulement pour elle, mais pour tout ce qui l'entourera.

MADEMOISELLE VALENTINE.

Comment ! Laure ?.....

MADAME SURIN.

Ah ! que cette enfant rend mes jours amers, Valentine !...

MADEMOISELLE VALENTINE.

Tu ne m'en avais rien dit dans tes lettres.

MADAME SURIN.

J'espérais pouvoir la corriger avant ton arrivée, une mère se fait si facilement illusion ! mais tout a échoué caresses et froideur, sévérité et indulgence. Il semble que cette jeune âme soit déjà endurcie au point de ne pouvoir être émue de rien.

MADEMOISELLE VALENTINE.

Mais enfin que lui reproches-tu ; est-elle insoumise, irascible, paresseuse ; son cœur te semble-t-il mauvais ?

MADAME SURIN.

Dois-je accuser son cœur ou bien tout rejeter sur son caractère, je ne sais..... cette enfant est une énigme. Elle ne manque ni de soumission, ni d'activité ; elle ne sort jamais d'une sorte de calme, trop grand même pour son âge ; mais ces qualités se tournent chez elle en véritables défauts, parce qu'elle semble apporter à tout ce qu'elle fait une arrière-pensée mauvaise. Toujours triste, toujours taciturne, elle joue sans entrain, reçoit un présent sans plaisir et se force pour répondre à une caresse ; qu'on la récompense ou qu'on la punisse, c'est la même chose, et après les plus tendres exhortations comme après les réprimandes les plus sévères, on n'en obtient qu'un coup d'œil en dessous qu'à peine à-t-on le temps de saisir au passage. Voilà ce qu'est Laure. Es-tu surprise encore de me voir trembler pour son avenir ?

MADEMOISELLE VALENTINE.

Ma surprise en effet est extrême, chère Félicie, mais c'est de ce que tu viens de m'apprendre. Avant mon départ pour Londres, Laure était gaie, folâtre, caressante ; je me souviens même quelle jeta les haut cris en me voyant partir.

MADAME SURIN.

Il est vrai. Pendant ses sept premières années, le caractère tendre et facile de Laure ne me donnait que d'heureux présages ; je ne redoutais pour elle qu'un excès de sensibilité. Depuis lors tout a bien changé ; l'affection extrême qu'elle avait pour moi s'est éteinte peu à peu, et loin de répondre à l'amitié de ses sœurs, elle ne sort de sa placidité habituelle que pour leur témoigner... j'allais presque dire de l'aversion.

MADEMOISELLE VALENTINE.

Voilà en effet un changement bien étrange ; mais n'as-tu pas cherché quelquefois à en deviner la cause ? De cette connaissance résulterait peut-être un moyen de guérison. Tu dis que c'est vers sa septième année ?

MADAME SURIN.

A peu près. Je venais de retirer Adèle de nourrice, et comme je ne pouvais m'occuper à la fois de deux enfants, je confiai plus spécialement Laure à la vieille Germaine, notre ancienne gouvernante ; mais lorsqu'on a connu cette excellente femme, il ne vient pas à l'esprit que le changement de Laure puisse lui être attribué.

MADEMOISELLE VALENTINE.

Assurément Laure était dans les plus dignes mains qu'il soit possible de trouver ; néanmoins ce fait mérite réflexion. Dans un âge aussi tendre, ma sœur, le moindre événement peut influencer l'imagination parce que la raison est nulle encore, et souvent il ne faut qu'un choc léger pour l'ébranler à tout jamais. Laure était une enfant tellement sensible qu'elle a dû s'impressionner plus vivement qu'une autre.

MADAME SURIN.

Que supposes-tu donc?

MADEMOISELLE VALENTINE.

Rien encore ; mais j'y réfléchirai. Qui peut savoir les ressorts secrets de la nature dans ces êtres si frêles, qui peut apprécier les ressources que s'est ménagée la providence dans ces jeunes cœurs ?

MADAME SURIN.

La religion elle-même a peu d'empire sur elle.

MADEMOISELLE VALENTINE.

C'est un malheur qui tient à son état; espérons. Tiens, j'ai souvent fait porter mes réflexions sur l'éducation des enfants, et je suis presque convaincue que chez eux les vices de caractère ne sont autre chose qu'une maladie morale produite dans le jeune âge par une cause souvent ignorée. Si ce fait est vrai, il en résulte que l'enfant peut toujours être corrigé facilement et que pour cela il suffit de connaître exactement la cause qui l'a influencé.

MADAME SURIN.

J'ai bien peur que tu ne te trompes; combien voit-on d'affreux caractères survivre à l'âge de raison !

MADEMOISELLE VALENTINE.

Sans doute, mais qu'est-ce qui prouve qu'on s'y est pris comme il fallait pour les guérir ? Dans l'ordre physique, la plus simple maladie ne devient-elle pas mortelle si elle est traitée à contre-sens ?

MADAME SURIN.

Mais dans cette hypothèse, je ne vois pas pourquoi, lorsque la raison viendrait, chacun n'entreprendrait pas de se guérir soi-même.

MADEMOISELLE VALENTINE.

Se connaît-on assez pour découvrir ses défauts sans les flatter et dût-on se connaître, crois-tu que le courage ne manquerait pas à pareille tâche? Se vaincre soi-même, chère Félicie, c'est tout simplement de l'héroïsme. D'ailleurs pendant qu'on atteint l'âge de raison, les défauts ont le temps de croître, et lorsqu'ils tiennent à toutes les fibres, il devient bien difficile de les extirper. Heureusement Laure n'en est point là; elle est jeune, nous la corrigerons. Gardons-nous cependant, si tu veux m'en croire, d'entreprendre rien sans parfaite connaissance de cause ; autrement nous courrions le risque d'envenimer le mal que nous voulons guérir et d'anéantir tout à fait en elle les heureuses dispositions natives.

MADAME SURIN.

Je m'abandonne à toi, ma chère Valentine, je sais combien tu es sage et combien tu chéris mes enfants. Ah! si tu rends à ma tendresse cette fille que je n'ose plus compter, je te devrai plus que la vie.

MADEMOISELLE VALENTINE.

C'est aujourd'hui sa fête?

MADAME SURIN.

Oui ; Clémence et Adèle m'ont demandé la permission d'organiser une petite soirée pour la lui souhaiter et, quoiqu'elle soit encore bien jeune, j'ai cru devoir y consentir. Cependant, je te l'ai dit, je m'en remets à ton expérience ; si tu penses que cette indulgence autorise.....

MADEMOISELLE VALENTINE.

A Dieu ne plaise que je mette obstacle aux amusements de ces chères petites. Mais... j'entends marcher dans le corridor, on vient ; quitte cet air attristé, et pour aujourd'hui déposons nos craintes afin d'être à l'unisson avec la joyeuse société qui va se réunir chez toi.

Scène II.

MADAME SURIN, MADEMOISELLE VALENTINE, CLÉMENCE, ADELE.

ADÈLE (entrant la première et tout essoufflée).

Maman, ma tante, oh ! si vous voyiez, que c'est beau ! que c'est beau !

MADAME SURIN ET MADEMOISELLE VALENTINE.

Quoi donc ?

ADÈLE.

Fanchon, Fanchon qui vient d'arriver.

MADEMOISELLE VALENTINE.

C'est Fanchon qui est si belle ?

ADÈLE.

Oh ! non, pas Fanchon, les bouquets qu'elle a apportés... plein son tablier ; on les a mis sur la cheminée avec de la mousse et Pierre a rempli la corbeille rustique avec des pots de reines-marguerite, il y en a de toutes les couleurs! (Elle saute de joie). C'est joli, joli.. la salle à manger ressemble à un jardin.

CLÉMENCE.

Tu oublies le meilleur.

ADÈLE.

Ah! c'est vrai; Fanchon a encore apporté, sur sa tête, un énorme panier rempli de pommes, de noisettes et d'une grande galette que la mère Babet a fait cuire ce matin.

MADAME SURIN.

La mère Babet veut être aussi de la fête. Avez-vous au moins fait rafraîchir Fanchon?

CLÉMENCE.

Oui maman, Mariette l'a fait déjeuner.

MADAME SURIN.

Où est-elle maintenant?

CLÉMENCE.

Elle est au jardin où elle se promène tout en filant ; car mère Babet lui a donné sa tâche.

MADAME SURIN.

Cette petite est une excellente ouvrière; tâchez donc de lui ressembler ou du moins appréciez la bonté de vos parents qui exigent si peu de vous.

CLÉMENCE.

Nous sentons bien notre bonheur, maman.

ADÈLE.

Oh! oui, chère petite mère; je sais mes leçons, va.

MADAME SURIN.

C'est bien, ma fille. Tout alors est préparé pour cette fête?

CLÉMENCE.

A peu près, maman; à l'exception de la robe et de la coiffure que madame Deville n'a pas encore fait apporter. Si vous voulez le permettre, j'y enverrai Fanny ; elle porterait en même temps la lettre d'invitation aux demoiselles Dupré.

MADAME SURIN.

J'y consens, tu t'es occupée du goûter, de la musique?

CLÉMENCE.

Oui maman ; Mariette achève ses crèmes, les gâteaux viennent d'arriver, et mademoiselle Verni m'a promis de nous jouer ce soir autant de quadrilles que nous en pourrions danser.

ADÈLE.

Comme nous nous amuserons !

MADEMOISELLE VALENTINE.

Et toi, bijou, que donneras-tu à ta sœur?

ADÈLE.

Clémence lui a brodé une robe blanche avec.....

MADEMOISELLE VALENTINE.

Mais toi, mais toi?

ADÈLE.

Moi je lui ai fait des pantoufles et un coulant de serviette où il y a dessus « bon appétit ».

MADEMOISELLE VALENTINE.

C'est charmant !

ADÈLE.

Oh oui, c'est charmant ! n'est-ce pas, petite mère, que c'est très-bien fait ?

MADAME SURIN.

Oui, mon ange.

MADEMOISELLE VALENTINE.

Au moins Laure ne sait rien de la surprise qu'on lui ménage ?

ADÈLE.

Je me suis bien gardée de l'en instruire, moi.

CLÉMENCE.

Les autres aussi, certes ; tout s'est fait le plus secrètement. Elle est actuellement dans sa chambre où maman l'a confinée sous prétexte qu'elle n'avait pas bien su ses leçons ce matin.

ADÈLE.

Elle a très-bien fait de ne pas les savoir.

MADAME SURIN.

Mais il faut te hâter, Clémence, d'envoyer prévenir les demoiselles Dupré ; elles devraient l'être depuis hier.

CLÉMENCE.

Fanny y est bien allée, mais il n'y avait personne à la maison. Je vais sonner. (Elle sonne).

Scène III.

LES MÊMES, FANNY.

FANNY.

Que demande madame?

MADAME SURIN.

Vous allez porter à son adresse la lettre que Clémence va vous donner ; en même temps vous passerez chez madame Deville, et vous lui direz qu'elle ne manque pas d'envoyer de bonne heure la robe et la coiffure de Laure.

FANNY.

Oui, madame.

MADAME SURIN.

Laure est-elle toujours dans sa chambre?

FANNY.

Je n'y suis pas montée ce matin, madame ; je puis répondre cependant que mademoiselle Laure n'est pas descendue.

MADAME SURIN.

C'est bien ; mais comme elle ne peut rester seule durant toute la journée et qu'il ne faut pas qu'elle voie ce qu'on prépare, envoyez-la dans cette chambre où elle pourra jouer avec Adèle pendant que Clémence aidera Mariette à mettre le couvert.

FANNY.

Il suffit, madame.

CLÉMENCE.

Je vais vous donner ma lettre, Fanny.

Scène IV.

MADAME SURIN, MADEMOISELLE VALENTINE, ADÈLE.

ADÈLE.

Maman, je voudrais bien aider aussi à mettre le couvert.

MADAME SURIN.

Non, ma fille, tu resteras ici.

ADÈLE.

Ma petite maman, je t'en prie.

MADAME SURIN (d'un ton sévère).

Adèle!... (Adèle se met à pleurer).

MADEMOISELLE VALENTINE.

Comment, bijou, tu pleures pour si peu de chose ?

ADÈLE.

C'est que la salle à manger est si jolie... tout y est couvert de fleurs.

MADEMOISELLE VALENTINE.

Sans doute ; mais une petite fille sage doit obéir sans pleurer. D'ailleurs si personne ne restait ici avec Laure, elle pourrait aller à la salle à manger et se douter de ce qu'on prépare ; alors, adieu le plaisir.

ADÈLE.

C'est vrai, au moins.

MADEMOISELLE VALENTINE.

Tu es la gardienne de la fête, songes-y.

ADÈLE (riant).

Ne craignez rien ; je vais si bien amuser Laure, qu'elle n'aura pas même l'idée d'aller à la salle à manger.

MADEMOISELLE VALENTINE.

Nous te confions ce soin ; garde bien.

ADÈLE.

Je le répète, vous pouvez être tranquilles ; je vais prendre ma poupée sans avoir l'air de rien... Ah ! ce sera un plaisir... Laure voulait une robe neuve, maman lui a dit que la sienne était bonne, elle va tomber des nues !...

MADAME SURIN.

Amuse-toi bien, et surtout ne la contrarie pas.

ADÈLE.

Non, maman.

Scène V.

ADÈLE (seule).

Quelle belle journée et comme nous allons nous amuser ! mes cousines vont venir ainsi que nos amies, nous pourrons jouer, chanter et danser toute la soirée ; maman a même promis que je n'irais pas au lit avant onze heures..... Mais je dis tout cela à haute voix, si Laure m'entendait, il y aurait beau jeu à m'appeler indiscrète, comme dit maman. (Elle imite la voix de madame Surin). Ah ! petite indiscrète, je te punirai..... Voyons toutefois si Laure n'y est pas. (Elle va regarder à la porte). Non ; Laure n'est pas ici, cherchons vite un jeu. Voici justement ma poupée... Allons, Bébé, êtes-vous sage ?... vous ne répondez pas... je vais vous faire réciter une fable... commencez... (Imitant la voix de la poupée).

Maître corbeau sur un arbre perché,
Tenait en son bec un fromage...

Scène VI.

ADELE, LAURE. (Elle entre, regarde à peine sa sœur, va s'asseoir en un coin et ouvre ses livres).

ADÈLE.

Bonjour, Laurette.

LAURE

Bonjour.

ADÈLE.

Veux-tu que nous nous amusions toutes deux ?

LAURE.

Non ; je n'ai pas le temps.

ADÈLE.

Amuse-toi donc, petite sœur, tu n'as plus rien à faire.

LAURE.

Il faut que j'apprenne mes leçons.

ADÈLE.

Tu les apprendras demain ; j'ai bien laissé les miennes.

LAURE.

Oh ! toi !... mais, moi, je serais grondée.

ADÈLE.

Viens donc, nous ferons les *madames*, voici Bébé.

LAURE.

Laisse-moi tranquille, avec ta laide Bébé ; ce n'est plus de mon âge.

ADÈLE.

Elle n'est pas laide du tout, Bébé ; elle est très-jolie, au contraire ; c'est maman qui me l'a donnée pour mes étrennes.

LAURE.

Elle a bien fait.

ADÈLE.

Tu ne veux donc pas t'amuser ?

LAURE.

Non.

ADÈLE.

Je vais m'amuser toute seule, alors. Voyons, Bébé, parlez ; vous ne dites rien, c'est toujours de même..... que c'est laid d'être maussade, d'être en dessous.... fi !... je ne vous aimerai plus ; on n'aime pas les enfants boudeurs.

LAURE (à part).

Elle répète ce qu'elle entend dire.

ADÈLE.

Tandis que si vous étiez gracieuse et soumise, on vous aimerait, on vous chérirait... Voyons, Bébé, parlez, et vous serez mon bijou.

LAURE (à part).

Il y a longtemps que je le sais, qu'on aime les enfants gracieux.

ADÈLE.

Ah voilà que vous riez ; à la bonne heure, vous êtes gentille... (Elle l'embrasse). Allez, ma petite chatte, allez embrasser la tante. (Elle la présente à Laure).

LAURE (détournant la tête).

Laisse-moi donc.

ADÈLE.

Vois comme elle sourit ; embrasse-la, Laurette, pour la récompenser.

LAURE.

Tu m'ennuies, je ne veux pas l'embrasser.

ADÈLE.

Si c'était Clémence, elle l'embrasserait par complaisance pour moi.

LAURE.

Elle fait bien d'être complaisante pour toi ; tu es sa sœur.

ADÈLE.

Et toi, ne l'es-tu pas ?

LAURE (à part).

Oh ! moi...

ADÈLE (lui présentant de nouveau sa poupée).

Embrasse-la, embrasse-la... (Laure prend la poupée et la jette à l'autre bout du théâtre). Ah ! ma pauvre Bébé, ma pauvre fille, elle t'a cassée, elle t'a cassée !

LAURE.

Crie plus fort, maman viendra, elle me mettra en pénitence ; tu seras bien aise.

ADÈLE (pleurant).

Non, je ne serai pas bien aise ; mais, toi, tu es bien méchante, va...

LAURE.

Que ne me laissais-tu apprendre mes leçons ?

ADÈLE.

Apprends-les donc ; je me passerai de toi.

LAURE (à part).

Je le sais bien.

ADÈLE.

Tu t'es fait mal en tombant, ma pauvre petite Bébé ; allons, ne crie pas. (Elle se promène en berçant sa poupée).

LAURE (à part).

Si maman était venue sur le coup !... étudions.

ADÈLE.

Elle s'endort...... allons, dormez, Bébé..... (Elle chante).

   Effeuillez la rose
   Aux vives couleurs,
   Que l'enfant repose
   Sur un lit de fleurs.

Dormez, dormez, mon bel ange,
Fermez-vous, beaux petits yeux,
   Dodo, dodo....

Le chant de la lyre
S'en va commencer,
Et voilà Zéphyre
Qui vient la bercer.

Dormez, dormez, mon bel ange,
Fermez-vous, beaux petits yeux,
Dodo, dodo !...

LAURE (brusquement).

Tais-toi donc !

ADÈLE.

J'endors Bébé.

LAURE.

Endors-là tant que tu voudras ; je m'en vais, moi.

ADÈLE.

Où vas-tu ?

LAURE.

Qu'est-ce que cela te fait ?

ADÈLE.

Cela me fait beaucoup ; et d'abord maman m'a défendu de te laisser sortir.

LAURE.

Toi ?...

ADÈLE.

Oui. Elle m'a dit de te garder.

LAURE.

Toi ! une enfant ?...

ADÈLE.

Oui, moi.

LAURE (à part).

Quelle injustice !... me mettre sous la dépendance d'une enfant qui joue encore avec sa poupée !... Cela passe toutes bornes, et je serais bien sotte d'y faire attention. (Elle veut sortir).

ADÈLE.

Mais je te dis, Laure...

LAURE.

Tu m'empêches d'étudier.

ADÈLE.

Reste, je ne dirai plus rien, je vais poser Bébé.

LAURE.

Laisse-moi passer.

ADÈLE (s'attachant à ses vêtements).

Mais si maman vient, que lui dirai-je ?

LAURE.

Tu diras que je suis à la salle à manger.

ADÈLE.

Tu n'iras pas.

LAURE.

Je n'ai point d'ordres à recevoir de toi.

ADÈLE.

Je ne te laisserai point passer.

LAURE.

J'irai malgré toi. (Elle cherche à se débarrasser d'Adèle).

ADÈLE.

Je t'en prie.

LAURE.

Il ne sera pas dit que j'obéirai à une enfant. (Elle repousse Adèle).

ADÈLE (criant).

Maman ! ma tante ! Clémence !...

LAURE.

Crie, appelle... Je suis bien coupable, en effet, de n'avoir pas voulu, à mon âge, entendre les dodos de Bébé.

Scène VII.

LAURE, ADÈLE, MADAME SURIN, MARIETTE.

MARIETTE (entrant la première).

Eh bien, eh bien... qu'est-ce qu'il y a donc par ici ?

MADAME SURIN.

Est-ce que vous vous querelleriez, mes enfants ? Qu'as-tu, Adèle ?

ADÈLE.

Je n'ai rien, maman.

MARIETTE.

On aurait cru dà que le feu était au logis.

MADAME SURIN (à Adèle).

Qu'est-ce qui t'a fait pleurer ?

ADÈLE.

C'est que.....

MADAME SURIN.

Eh bien ?

ADÈLE.

Laure voulait sortir malgré moi.

LAURE.

Je ne savais pas qu'il y avait une loi pour obéir à mademoiselle Adèle.

MADAME SURIN.

Il n'y a pas une loi pour obéir à *mademoiselle* Adèle, comme vous dites ; mais il y a mes ordres, à moi, qui ont quelque poids, je pense, et dont j'avais chargé Adèle de vous avertir.

LAURE.

Elle s'amusait avec sa poupée, je ne pouvais étudier.

MADAME SURIN.

Que ne lui disais-tu de se taire ?

LAURE.

Je n'ai pas l'habitude de commander.

MADAME SURIN.

Tu aurais tort d'en prendre l'habitude ; mais sans commander, on peut dire à sa petite sœur de se taire. Adèle est douce, complaisante, elle ne t'aurait certainement pas contrariée ; mais ton malheureux caractère ne te porte jamais aux bons partis ; tu aimes mieux brusquer cette enfant que d'user avec elle de douceur. (Laure murmure à voix basse).

MADAME SURIN.

Que dis-tu, voyons?... excuse-toi tout haut. Vous ne dites rien.... Ah! Laure, Laure, que j'ai besoin de la tendresse et des heureuses dispositions de vos sœurs pour me dédommager des chagrins que vous me causez!... (A part). Elle ne dit rien.... Eh bien, Laure, puisque Adèle vous ennuie, je vais l'emmener, restez seule et étudiez.

Scène VIII.

LAURE (seule).

Restez seule et étudiez !.... elle aurait pu ajouter : Ennuyez-vous, si vous voulez, cela m'est fort égal !.... Que je suis malheureuse ! rebutée, dédaignée, quand mes sœurs sont chéries, plus étrangère que les domestiques qui nous servent, je ne rencontre, au sein de ma famille, pas un ami véritable. Maman.... elle n'a pas le temps de penser à moi, ne faut-il pas qu'elle s'occupe de Clémence et d'Adèle ; les bonnes..... elles m'appellent *sournoise*, mes sœurs..... elles m'ont pris l'amitié de maman !... Ah ! que celles qui n'ont pas de sœurs ont de grâces à rendre à Dieu ; moi, je n'en suis pas là, certes.... on ne cesse de vanter leur caractère ; elles ont bien de la peine quant tout les aime, leur sourit, les caresse !... Hélas ! si maman voulait m'aimer autant qu'elle aime Adèle ou Clémence, rien ne me semblerait difficile ; je serais soumise, appliquée..... Que vais-je chercher là ; maman a bien autre chose à faire ?.... Il semble qu'elle n'ait de plaisir qu'à me gronder ; tout se tourne contre moi, et lorsqu'on n'a rien autre chose à me reprocher, on se met sur le chapitre de mon caractère..... mon caractère..... est-ce donc ma faute s'il est ainsi..... puis-je être gaie, lorsque je suis convaincue qu'on me déteste..... Que leur ai-je fait, pourtant ?...

Scène IX.

LAURE, FANNY (une corbeille recouverte d'un voile à la main).

FANNY (sans apercevoir Laure).

Mademoiselle Clémence! mademoiselle Clémence!... Tiens, elle n'est pas ici, ou vais-je la trouver? Il est pourtant essentiel que ceci soit caché promptement de peur des yeux indiscrets. Madame Deville a bien tenu parole, cela est frais et joli à merveille ; jamais la petite demoiselle n'aura été si bien parée. Dépêchons-nous ; pour le moment, le plus pressé n'est pas de causer, mais de porter ces chiffons à mademoiselle Clémence, et d'aller au secours de Mariette qui n'a pas mal à faire aujourd'hui.

LAURE.

Vous cherchez Clémence, Fanny?

FANNY.

Ah! mademoiselle Laure, vous êtes donc là? je ne ne vous voyais pas.

LAURE.

Que voulez-vous à Clémence?

FANNY (souriant).

Quelque chose qui, pour le moment, ne vous regarde pas.

LAURE (à part).

Elle ne répondrait pas comme cela à mes sœurs.

FANNY (à part).

Voyez la sournoise, je lui parle tout haut, elle me répond tout bas.

LAURE.

Vous voulez lui remettre cette corbeille; vous venez de le dire, je l'ai entendu.

FANNY.

C'est fort possible que je veuille lui remettre cette corbeille; et, dans tous les cas, je ne vois pas que cela puisse vous fâcher.

LAURE.

Qui vous dit que je suis fâchée?

FANNY.

Votre air.

LAURE (à part).

On est bien heureuse d'avoir un air qui plaît! (Haut). C'est sans doute quelque joli cadeau de maman que vous lui portez là?

FANNY.

Peut-être bien. Mademoiselle Clémence est si gentille, son humeur est si douce, son caractère si égal, que Madame ne la récompensera jamais assez.

LAURE.

Elle est charmante, je le sais bien; elle est plus aimable que moi.

FANNY.

Vous, mademoiselle Laure, vous deviendriez aussi gentille qu'elle si vous le vouliez: bon Dieu, que Madame serait heureuse si vous ressembliez à vos sœurs;

la paix et la bénédiction tomberaient sur le logis, on vous aimerait trop.

LAURE.

Je sais bien qu'on ne m'aime pas, Fanny ; mais après tout cela m'est fort égal.

FANNY (à part).

Quelle enfant !...

LAURE.

Voulez-vous, Fanny, me laisser regarder le présent que vous apportez à ma sœur.

FANNY.

Je suis fâchée de vous refuser ; mais c'est tout épinglé, et je ne puis enlever l'enveloppe sans les ordres de Madame. D'ailleurs, mademoiselle Laure, vous vous trompez ; ce n'est pas un présent pour votre sœur ; j'ai voulu plaisanter.

LAURE.

Je vois pourtant de la mousseline blanche.

FANNY.

Ce sont des rideaux de fenêtre que Madame avait donnés à blanchir.

LAURE.

Ah !... (Elle secoue les épaules et va se rasseoir).

FANNY.

Je pense trouver mademoiselle Clémence au jardin ?

LAURE.

Je ne sais pas, on ne me rend pas de comptes.

FANNY (à part, en sortant).

Mauvais caractère !

Scène X.

LAURE (seule).

Je suis bien sûre que ce ne sont pas des rideaux ; on ne donne pas des rideaux à blanchir à madame Deville.... C'est quelque objet de toilette... Mais pourquoi se cacher de moi? Est-il besoin de tant de cérémonies! Je le vois, on a peur de me rendre jalouse... quelle idée!... Est-ce que je ne suis pas habituée aux préférences de maman pour mes sœurs..... Mais Fanny a le mot, elle obéit. Etudie, pauvre Laure, c'est ce que tu as de mieux à faire. (Elle ouvre son livre). « Après la mort de Septime Sévère, ses deux fils, qui se défiaient l'un de l'autre, eurent l'idée de partager l'empire en deux grandes parties; mais ils furent détournés de ce projet par les principaux citoyens et par l'impératrice Julia Domna qui leur demanda si en partageant l'empire, ils pouvaient aussi partager leur mère... » (Elle réfléchit un instant). Certes, maman n'aurait pas dit cela, et pourvu que Clémence et Adèle lui soient restées...... C'est pourtant bien injuste..... Allons, voilà que mes idées chagrines me reviennent, étudions plutôt..... Ah! si je pouvais être la première au prochain examen ; j'ai déjà surpassé Francine et Claudia..... Il n'y a plus que Valérie, encore.... encore..... pour peu que je veuille m'en donner la peine, à la fin du mois elle prendra ma place et moi la sienne..... Mais à quoi cela me servira-t-il? A qui mes succès feront-ils plaisir?... Autant vaut laisser la première place à Valérie, sa mère l'aime, elle la récompensera, toutes deux seront heureuses, et pourvu que Clémence et Adèle aient les premières places dans leurs classes respectives, il n'en sera ni plus ni moins ici... (Elle ferme son livre et se met à réfléchir).

Scène XI.

LAURE, CLÉMENCE, CÉCILE, HERMINIE, ADÈLE, HENRIETTE.

ADÈLE (entrant la première).

Laurette! Laurette... voilà nos cousines; viens donc leur dire bonjour.

LAURE (à part).

Bah! ce n'est pas pour moi qu'elles viennent.

CÉCILE.

Enfin, la voilà! nous te cherchons depuis une heure pour t'embrasser, ma Laure ; tu est donc cachée comme une violette dans son feuillage. (Elle l'embrasse. Henriette et Adèle jouent avec la poupée).

LAURE.

Ah! il y a une heure que vous êtes ici?

HERMINIE.

Pas tout-à-fait; supposerais-tu que nous aurions passé tout ce temps sans nous occuper de toi.

LAURE (un peu confuse).

Ce n'est pas ce que j'ai voulu dire.

CLÉMENCE.

Vous voyez, mes chères cousines, combien Laure est

studieuse ; on ne peut l'arracher à ses livres. Maman en est fort contente, elle a monté de deux places aux dernières compositions, et se trouve actuellement la deuxième de sa classe.

CÉCILE.

Et toi, ma chère Clémence, tu fais aussi des merveilles, m'a-t-on dit.

LAURE, (à part).

Comme mes succès l'intéressent.

CLÉMENCE.

Tu veux rire, Cécile, bien loin de faire des merveilles, ce n'est qu'à grand peine que je me maintiens à ma place, quoique je sois l'une des plus âgées de ma classe.

HERMINIE (se tournant vers Henriette).

Mais il me semble que mademoiselle Henriette est une petite impolie, et qu'elle a couru à la poupée avant même de dire bonjour à sa cousine.

LAURE.

Ne la dérange pas, Herminie, cela n'en vaut pas la peine.

CÉCILE.

Comment, pas la peine !... entends-tu, Henriette ?

HENRIETTE.

Oui, oui, j'entends ; c'est que Bébé est si jolie !

ADÈLE.

Va donc l'embrasser, tu auras bientôt fait.

HENRIETTE (s'avançant vers Laure).

Bonjour, Laurette ; comment vas-tu ?

LAURE (reculant).

Tout-à-fait bien, je te remercie.

CÉCILE (à Henriette).

Embrasse donc ta cousine.

LAURE (reculant toujours).

Ce n'est pas nécessaire, ne la dérangez pas plus longtemps, je n'y tiens pas.

HENRIETTE (à Cécile).

Elle ne veut pas.

HERMINIE.

C'est que tu as été d'une impolitesse tout-à-fait impardonnable ; ne devais-tu pas, avant tout, souhaiter le bonjour à ta cousine.

CÉCILE.

Excuse-là, ma chère Laure, c'est une enfant.

LAURE (à demi voix).

On ne peut pas forcer l'amitié.

HERMINIE.

Comment dis-tu ?

LAURE.

Rien.

CLÉMENCE.

Laure est trop raisonnable pour s'offenser de si peu de chose ; d'ailleurs y eut-il entre elles de véritables griefs, elle aime trop sa petite cousine pour lui en vouloir ; rien n'est indulgent comme l'amitié.

LAURE.

C'est vrai.

ADÈLE.

Viens voir, Henriette, comme Bébé danse bien.

HENRIETTE.

Puis-je y aller?

CÉCILE.

Pas avant d'avoir signé la paix avec Laure en l'embrassant.

HENRIETTE ET ADÈLE.

Puisqu'elle ne veut pas.

CLÉMENCE.

Mais si, elle veut bien, mon Henriette; c'était une plaisanterie. Voyons, Laure, dis-donc à Henriette que tu n'es pas fâchée.

LAURE.

A quoi bon l'empêcher de jouer, la forcer...

CÉCILE.

On ne la force pas, ma chère Laure. (A part). Vilaine enfant! (Henriette s'avance, Laure se laisse embrasser d'un air maussade).

HENRIETTE.

Ah!... c'est fait... Je puis aller m'amuser maintenant?

CLÉMENCE.

Oui, mon petit ange.

HENRIETTE (lui sautant au cou).

Tu es gentille, au moins toi.

CÉCILE.

Chut!

LAURE (à part).

Tout le monde l'aime.

CLÉMENCE.

Vous êtes, on ne peut plus aimables, mes chères cousines, d'avoir répondu à notre invitation.

HERMINIE.

Nous n'avions garde d'y manquer, c'était pour nous un plaisir extrême que de venir à cette fête.

CÉCILE (faisant un signe à Herminie).

Tu veux dire à cette réunion de famille ; c'est en effet la véritable fête du cœur.

CLÉMENCE.

Et sans vous, il ne saurait y en avoir d'agréables.

HERMINIE.

D'autant plus que l'arrivée de notre bonne tante Valentine la rend tout-à-fait complète ; nous passerons une délicieuse soirée. N'est-ce pas, Laure ?

LAURE.

Je ne sais pas, moi.

CLÉMENCE.

Comment, tu ne sais pas ! Est-ce qu'il en peut être autrement, lorsque mes cousines et ma tante sont ici ?

LAURE.

Je ne veux pas dire cela.

CÉCILE.

Je devine que Laure a peur de ne pas savoir assez bien ses leçons ; nous l'avons dérangée, elle a grande hâte de nous voir partir.

CLÉMENCE.

Vous lui faites injure ; elle est enchantée de causer avec vous.

HERMINIE.

Nous n'en doutons nullement ; mais lorsqu'elle sera tranquille du côté de ses leçons, le plaisir sera plus complet, n'est-ce pas, Laure ?

LAURE.

Je n'ai pas dit cela.

CÉCILE.

Tu es infiniment trop polie pour le dire; mais nous le devinons, et nous allons te laisser encore un instant seule à étudier. Dépêche-toi, nous reviendrons tout-à-l'heure.

LAURE.

Il ne faut pas vous gêner, j'attendrai tant qu'on voudra. (A part). Je suis bien accoutumée à ce qu'on me laisse, moi.

CÉCILE.

Venez, petites.

Scène XII.

LAURE (seule).

Oui, Clémence l'a dit, Clémence a raison ; rien n'est indulgent comme l'amitié!.. Je vois maintenant pourquoi maman est si sévère à mon égard, et si peu lorsqu'il s'agit de mes sœurs..... Pauvre enfant délaissée que je suis ! ma mère, ma propre mère ne peut se résoudre à m'aimer?.... Cela du reste lui est commun avec tout le monde, nul ne peut me souffrir..... Mes cousines se sont forcées pour venir me dire bonjour, mais avec quelle hâte elles m'ont quittée pour aller s'amuser pendant que j'étudie !.... s'amuser..... non; il y a autre chose sous jeu..... c'est une fête qui les occupe. N'ai-je pas vu les signes qu'on faisait à Herminie pour l'empêcher de parler devant moi..... Est-ce qu'on s'imagine que je vais mettre obstacle à leurs divertissements?.... Je vois ce que c'est, on ne veut pas que je le sache, parce qu'on ne veut pas m'y conduire; on partira lorsque je serai couchée, et demain tout sera fini avant que je m'éveille,..... D'ailleurs cette toilette nouvelle qu'on apportait à Clémence signifiait bien quelque chose..... Fanny disait que c'était des rideaux... Moi, l'été prochain, je porterai encore ma vieille robe blanche qui m'est trop courte..... Enfin, à quoi bon dire tout cela ; maman dépense beaucoup pour mes sœurs ; s'il en fallait autant dépenser pour moi, sa fortune n'y suffirait pas.

Scène XIII

LAURE, FANCHON.

FANCHON (derrière le théâtre).

(Air suisse).
Le jour au loin dore la plaine,
Réveillez-vous, jolis agneaux.
Ma quenouille est blanche de laine,
Tournez, tournez, gentils fuseaux.
Venez, venez, jolis agneaux ;
Tournez, tournez, gentils fuseaux.

LAURE (avec impatience).

Toujours des chansons, toujours des gens qui sont heureux !... Cette voix, si je ne me trompe, est celle de la petite Fanchon, la fille de notre fermière..... Que vient-elle chercher ici ?,.. Hélas ! elle a le cœur gai... et moi..... (Elle se place à l'extrême droite, de manière à tourner le dos à la porte d'entrée).

FANCHON (entrant une quenouille au côté et le fuseau à la main).

Je suis Fanchon aux doigts habiles,
Fanchon la fille au gros Lucas ;
Mes fuseaux sont les plus agiles
Et mes agneaux sont les plus gras.
Tournez, tournez, gentils fuseaux,
Venez, venez, jolis agneaux.

LAURE (à demi-voix).

Comme si elle ne pouvait chanter ailleurs et filer chez elle.

FANCHON (apercevant Laure).

Tiens !... vous voilà, demoiselle Laure ! je ne vous avais pas tant seulement aperçue, tellement que j'étais en train de filer.

LAURE.

Tu es donc venue à la ville, Fanchon ?

FANCHON.

Dame, oui, demoiselle Laure ; c'est pas toujours fête, comme on dit, mais c'est fête quelquefois.

LAURE.

Est-ce que par hasard c'est fête aujourd'hui ?

FANCHON.

Ça pourrait être, sauf le respect que je vous dois.

LAURE.

(A part). Faisons-la parler. (Haut). Tu as bien fait au moins de ne pas manquer à l'invitation de mes sœurs.

FANCHON.

Il n'y avait garde, demoiselle Laure, quand j'aurais dû venir toute la nuit, sans boire ni manger. Depuis huit jours je ne pensions qu'à cela. Hier au soir, ma mère m'a envoyée cueillir nos plus belles fleurs, et notre Nicolas a rempli un panier de prunes, mais pas de celles que nous donnons à nos habillés-de-soie, parlant par respect; pendant ce temps-là Jacqueline pétrissait le gâteau, faut voir, elle n'y ménageait pas ses peines... ni la mère son beurre... vous verrez comme c'est fait. (Imitant le geste de celui qui pétrit la pâte). Vli, vlan!... je t'en donne des coups de bras.

LAURE.

La mère Babet est très-bonne; je sais qu'elle aime beaucoup mes sœurs.

FANCHON.

Je le crois bien ; les charmantes demoiselles ne sont pas plus fières ! que c'est une bénédiction, quoi..... D'ailleurs, comme dit mon père, quand on se mêle de donner, faut tirer ses liards sans les compter.

LAURE (à part).

Il paraît que l'on prépare quelque chose ici..... une collation..... peut-être la fête aura-t-elle lieu chez nous?

FANCHON.

Comment que vous dites, demoiselle ?

LAURE.

Rien.

FANCHON.

Ce matin j'étais sur pied avant notre réveille-matin, sauf votre respect; il a pourtant coutume de chanter pas mal à bonne heure; mais il paraît que la joie chantait encore plus fort dans ma tête. Je les ai réveillés trétous à la maison : la mère a tiré de ses coffres mes habits de Pâques, j'ai à peine pris le temps de manger un morceau, et me voilà embarquée ma quenouille à mon côté et mon panier sur ma tête. Ça allait bien, je vous promets, des pieds et des doigts ; même que pour aller plus vite, j'avais ôté mes deux souliers.

LAURE.

Et tu as donné à Clémence... ce... que... tu apportais pour elle?

FANCHON.

Ma fine ! à qui donc que je l'aurais donné ?

LAURE.

Tu aideras probablement au service de la fête de ce soir ?

FANCHON.

C'est bien pour ça que je me dépêche ; j'aiderai de mon mieux, si c'est un effet de votre part que de le permettre.

LAURE.

Cela ne me regarde pas, moi ; je ne serai pas à la fête.

FANCHON.

Bonté divine ! qu'est-ce que vous dites donc là, demoiselle Laure !... vous n'y serez pas... vous ?...

LAURE.

Est-ce que l'on t'a dit que j'y serais ?

FANCHON.

Ta, ta... vous m'y prendrez à m'y laisser prendre ; vous en savez plus long que vous ne dites.

LAURE.

Je t'assure, Fanchon, que, non seulement on ne m'a rien dit, mais que je n'y paraîtrai pas, quand même on m'en prierait à genoux.

FANCHON.

Ah ! ah !..... la fine bête que vous êtes, demoiselle Laure ; nous verrons ça, nous verrons ça.

LAURE.

Pourvu que Clémence et Adèle y soient, on ne s'informera guère de moi.

FANCHON.

Vous m'y tenez, allez, avec vos finesses. Laissez-moi plutôt filer. (Elle chante).

Je suis Fanchon aux doigts habiles...

LAURE (à part).

On lui a fait la leçon.

FANCHON.

Peut-être que je vous dérange, demoiselle Laure ?

LAURE (à part).

Si je l'empêchais de chanter, on dirait encore que j'ai un mauvais caractère.

FANCHON.

Vous dites?

LAURE.

Rien.

FANCHON.

Je peux-t-il chanter?

LAURE.

Fais comme tu voudras ; cela ne me regarde pas.

FANCHON (chante tout en filant).

Ruisseaux et fleurs de nos prairies,
Soyez propices à mes agneaux ;
Et vous, ô mes brebis chéries,
Chargez de laine mes fuseaux.

Scène XIV.

LAURE, FANCHON, MADEMOISELLE VALENTINE.

MADEMOISELLE VALENTINE.

Ta maman est-elle ici, Laure ?

LAURE.

Non, ma tante.

MADEMOISELLE VALENTINE.

Mais comment, tu es seule, ma chère enfant ?

LAURE.

Mes sœurs et mes cousines m'ont laissée, sous prétexte que j'apprenais mes leçons.

MADEMOISELLE VALENTINE.

Il me semble que, bien loin de les apprendre, tu t'amuses avec Fanchon ; tes cousines ne seront pas contentes.

LAURE.

Oh ! cela ne fait rien à mes cousines, elles sont avec mes sœurs ; du reste j'étudiais lorsque Fanchon est entrée en chantant.

MADEMOISELLE VALENTINE.

Va-t'en au jardin, ma petite Fanchon, et si tu trouves madame Surin, dis-lui que l'attends ici.

FANCHON.

J'y cours, notre demoiselle. (Elle sort).

MADEMOISELLE VALENTINE.

Eh bien, ces leçons, les sais-tu ?

LAURE.

Pas encore tout à fait, ma tante.

MADEMOISELLE VALENTINE.

Pourquoi ne les apprenais-tu pas ?

LAURE.

Je ne le pouvais pas, Fanchon chantait.

MADEMOISELLE VALENTINE.

Tu devais la prier de se taire.

LAURE.

J'aurais eu peur que l'on ne me grondât.

MADEMOISELLE VALENTINE.

Tu veux plaisanter, ma Laure ; qui eût pu songer à te gronder pour une action aussi naturelle ?

LAURE.

On m'a bien grondée ce matin à propos d'Adèle, qui chantait sa poupée.

MADEMOISELLE VALENTINE.

On t'a grondée, ma chère enfant, non parce que tu disais à ta sœur de se taire, mais parce que tu la repoussais brusquement.

LAURE.

Je ne savais pas que c'était à elle à me donner des ordres.

MADEMOISELLE VALENTINE.

Laure, Laure !... aurais-tu la funeste habitude de prendre les choses par leur mauvais côté ? fais-y attention, tu te rendras malheureuse en dépit des efforts de ceux qui te chériront le plus.

LAURE (à part).

Puis-je voir les choses autrement qu'elles ne sont ?

MADEMOISELLE VALENTINE.

Que dis-tu ?

LAURE.

Je ne dis rien.

MADEMOISELLE VALENTINE.

Tu m'affliges, ma fille, tu m'affliges profondément, parce que je t'aime et que je prévois pour toi un triste avenir si tu ne te corriges pas.

LAURE.

Mais puis-je donc fermer les yeux pour ne pas voir ce qui est ?

MADEMOISELLE VALENTINE.

Écoute-moi, ma chérie, les yeux sont mauvais rapporteurs lorsque la défiance leur sert de voile ; si au lieu de chercher partout l'intention mauvaise, tu employais dans le sens inverse une persévérance aussi tenace, nous te verrions changer du jour au lendemain. Songe qu'il n'est personne qui n'ait ses défauts et ses qualités ; où en serions-nous tous et toi en particulier, ma Laure, si l'on ne nous tenait jamais compte de la bonne volonté cachée.

LAURE.

Mais pourquoi Adèle voulait-elle m'empêcher d'aller à la salle à manger ; je lui cédais, comme de coutume, ce salon pour ses amusements. Avait-elle sur moi quelque autorité ?

MADEMOISELLE VALENTINE.

Assurément non ; mais sais-tu si ta petite sœur n'avait pas au fond l'idée de te procurer un plaisir ?

LAURE.

A moi ?

MADEMOISELLE VALENTINE.

Au lieu de lui supposer l'intention de te dominer, puisque ton caractère te porte aux suppositions, n'aurait-il pas mieux valu lui prêter le désir de te céder ce salon, le regret de t'avoir interrompue et la résolution de te prouver ce regret en te laissant étudier sans te troubler ? (Laure secoue la tête sans répondre).

Scène XV.

Les mêmes, MADAME SURIN.

MADAME SURIN (de la porte).

Tu es ici, Valentine ?

MADEMOISELLE VALENTINE.

Oui. Je t'avais envoyé chercher pour te montrer quelques emplettes que je venais de faire ; et je causais avec Laure en attendant ton arrivée.

MADAME SURIN.

Eh bien ! Laure, sais-tu tes leçons ?

LAURE.

Pas encore, maman,

MADAME SURIN.

Comment ! depuis ce matin ?

MADEMOISELLE VALENTINE.

Laissons-lui encore quelques instants. Profites-en, ma Laure ; et surtout réfléchis à ce que je viens de te dire.

Scène XVI.

Les mêmes, FANCHON, MARIETTE.

FANCHON (derrière le théâtre).

Hélas ! hélas !... au secours ! au secours !...

MADAME SURIN ET MADEMOISELLE VALENTINE.

Qu'est-ce donc ?... qu'arrive-t-il ?

FANCHON (paraissant sur le seuil).

Au secours, au secours,..... nos dames, nos demoiselles... au secours.

MADAME SURIN.

C'est la petite Fanchon ?

MADEMOISELLE VALENTINE.

Fanchon, mon enfant, qu'y a-t-il ?

FANCHON (s'avançant).

Ah ! mon bon Dieu ! ah ! not' dame ! ah ! nos demoiselles !...

MARIETTE (depuis la porte).

Mais qu'est-ce qu'il y a ?... parlera-t-elle ?

FANCHON.

Au secours ! au secours !...

TOUTES.

Qu'as-tu donc ? qu'as-tu donc ?

MARIETTE.

Va-t-elle parler, à la fin ?

FANCHON.

Hélas !..... je n'ose pas, not' dame, ça va trop vous faire de chagrin.

MADAME SURIN.

A moi ?

FANCHON.

Mademoiselle Clémence !... hélas !... mon Dieu... au secours !...

MADAME SURIN ET MADEMOISELLE VALENTINE.

Clémence !

LAURE.

Ma sœur !... (A part). Oh ! comme maman pâlit !...

FANCHON.

_Oui, mademoiselle Clémence, la bonne demoiselle du bon Dieu.

MADAME SURIN.

Mais, mon enfant, tu me fais mourir; qu'est-il arrivé ?

FANCHON.

Je n'ose pas vous le dire.

MARIETTE.

Voyez la langue de pie... Si on ne voulait pas le savoir, ça vous le cornerait aux oreilles.

MADEMOISELLE VALENTINE.

Enfin qu'est-il arrivé à Clémence ?

FANCHON.

Elle est tombée dans la rivière.

MADAME SURIN.

Mon Dieu !... mon Dieu !... ma fille est noyée !...

MADEMOISELLE VALENTINE.

Au nom du ciel, calme-toi, Félicie, cette enfant se trompe sans doute.

MARIETTE (en même temps).

A l'eau !... c'est un peu fort !... En es-tu sûre ?

FANCHON.

Si j'en suis sûre ?... Je voudrais bien pour mes habits de Pâques en pouvoir douter ; mais c'est pas possible. Pauvre chère demoiselle, je ne vous reverrons donc plus !

MADAME SURIN.

Clémence ! Clémence ! ma pauvre enfant !

MADEMOISELLE VALENTINE.

Mais enfin l'as-tu vue tomber? vous, Mariette, courez vite et informez-vous.

MARIETTE.

J'y vais ; et si la drôlesse a pris cela sous son bonnet? (Elle sort).

FANCHON.

(Laure écoute avec anxiété).

Comme si on prend des affaires comme ça sous son bonnet? J'étais au jardin, à deux pas de ces demoiselles; les grandes causions d'un côté, les petites de l'autre, mademoiselle Clémence cueillait des bouquets sur le bord de l'eau et mademoiselle Adèle les prenait de sa main et les portait vers mademoiselle Henriette dans une grande corbeille. Tout d'un coup, paf... v'là un coup qui me retentit là au fin fond de l'âme ; je me dis : v'là un malheur !.. Mais v'là au même moment mademoiselle Adèle qui crie : Au secours ! au secours! elle est à l'eau ! elle se noie !... la peur me prend, je mets mes deux souliers dans mes mains, et me voilà à courir du côté de la maison. Comme j'allais monter les escaliers, j'ai vu de loin M. Pierre le jardinier et mademoiselle Herminie qui allions comme le vent vers l'endroit où l'accident est arrivé.

MADAME SURIN.

Il n'y a pas à en douter, ma fille n'est plus !

LAURE (à part).

Ah ! ma sœur !

MADEMOISELLE VALENTINE.

Je t'en conjure, Félicie, ne t'abandonne pas au désespoir ; cette triste nouvelle mérite d'être confirmée.

(Madame Surin se couvre le visage, mademoiselle Valentine s'empresse autour d'elle, Fanchon fait des gestes de douleur ; Laure regarde sa mère, puis détourne les yeux et murmure à demi-voix).

LAURE.

Comme maman pleure... comme elle l'aimait... si c'était moi, ce serait tout autre chose.

MADAME SURIN.

Va t'informer, ma chère Valentine, va, je t'en supplie !

MADEMOISELLE VALENTINE.

Mariette ne peut tarder à revenir ; je suis persuadée que Fanchon se trompe.

FANCHON.

Je me trompe, moi... par exemple, not' demoiselle ; j'ai bien entendu crier : Elle se noie ! elle se noie !

MADAME SURIN.

Je ne puis tenir à mon anxiété, et je vais moi-même...

MADEMOISELLE VALENTINE.

Je vais avec toi.

LAURE (à part).

Si je n'avais pas de sœur... qui sait... maman m'aimerait peut-être. (Ces dames vont pour sortir. Mariette reparaît.)

FANCHON.

V'là mamzelle Mariette, qu'elle dise si je n'ai pas dit la vérité.

LAURE.

Hélas !

MADAME SURIN.

Je n'ose l'interroger.

MARIETTE (à Fanchon).

Ah! drôlesse!... en voilà un bonne que tu nous donnes là ! Je vous demande si ça devrait être permis?... N'aies pas peur, lorsque je verrai la mère Babet, je te ferai donner une paire de soufflets que tu ne te plaindras pas qu'on y ait ménagé l'étoffe.

MADEMOISELLE VALENTINE.

Enfin ?

MARIETTE.

La première personne que j'aperçois en arrivant au jardin, c'était... devinez?

FANCHON.

Pour sûr c'était pas mamzelle Clémence !

MARIETTE.

Si fait, c'était elle, petit masque!... Il fallait bien venir retourner madame des pieds à la tête.

MADAME SURIN.

Ah! je respire; mon Dieu! que cette enfant m'a fait de mal !

MADEMOISELLE VALENTINE.

Je te le disais bien.

FANCHON.

On dira tout ce qu'on voudra; mais pour sûr il est tombé quelqu'un à l'eau.

MARIETTE.

Va donc te cacher avec ton quelqu'un! il est joli le quelqu'un !... Si on peut faire des frayeurs pareilles pour un quelqu'un de carton.

MADEMOISELLE VALENTINE.

Un quelqu'un de carton?

MARIETTE.

Ni plus ni moins; mademoiselle Adèle avait échappé sa poupée dans la rivière, le jardinier l'a repêchée un peu plus bas. Il revenait arroser ses choux quand je l'ai rejoint, la figure bouleversée et tout essoufflée d'avoir couru. A l'heure qu'il est, il rit encore de moi. Que je t'y reprenne, petite marquise du babil, tu auras affaire à ton maître!

FANCHON.

Dam! j'étais bien sûre, moi, que quelqu'un était tombé à l'eau.

MADAME SURIN.

Je suis loin de t'en vouloir, ma pauvre Fanchon, tu as cru bien faire, n'en parlons plus. Seulement je vais te donner un petit conseil qui pourra t'être utile : ne parle jamais sans être sûre de ce que tu diras.

FANCHON.

Je tâcherai, not' dame.

MADEMOISELLE VALENTINE.

Que cet événement te serve de leçon, ma fille; mais j'ai quelque chose à dire à madame Surin, va t'amuser avec ces demoiselles. Quant à toi, Laure, rends-toi dans ma chambre, je t'y rejoins à l'instant.

Scène XII.

MADAME SURIN, MADEMOISELLE VALENTINE.

MADAME SURIN.

Ah! je suis encore bouleversée; je ne puis me remettre du coup que cette petite malheureuse m'a porté.

MADEMOISELLE VALENTINE.

Calme-toi, ma sœur, et prête-moi toute ton attention. J'ai des choses graves à te dire.

MADAME SURIN.

Parle.

MADEMOISELLE VALENTINE.

J'ai découvert de quel mal souffre Laure; ce mal est affreux.

MADAME SURIN.

Tu m'effrayes. Hélas! ne pourrai-je jamais goûter un bonheur sans mélange?... As-tu remarqué quel calme elle a conservé pendant que Fanchon...

MADEMOISELLE VALENTINE.

J'ai fait plus; cachée dans le cabinet à côté, j'ai entendu ses conversations avec ses sœurs, avec ses cousines, avec les bonnes et Fanchon, enfin et surtout avec elle-même; il n'y a plus à en douter, Laure est jalouse.

MADAME SURIN.

Jalouse!

MADEMOISELLE VALENTINE.

Oui, ma sœur.

MADAME SURIN.

Mais jalouse de quoi? mais à quel propos?

MADEMOISELLE VALENTINE.

La passion ne raisonne pas; elle est jalouse parce que la jalousie est dans son sang et qu'elle est avide de tout ce qui peut servir à l'alimenter.

MADAME SURIN.

Mais, grand Dieu, qui peut avoir fait germer dans son cœur ce vilain défaut?

MADEMOISELLE VALENTINE.

Que sais-je?... un rien, un enfantillage dont toi-même ne t'es pas aperçue. La prédisposition à cette funeste maladie existait probablement en elle et n'attendait pour faire explosion qu'une cause déterminante. Tiens, par exemple, lorsque tu as retiré Adèle de nourrice, Laure était encore trop jeune pour raisonner ta conduite, elle a cru que tu ne l'aimais plus puisque tu l'abandonnais à des soins étrangers pour t'occuper de la dernière arrivée. Voilà peut-être où il faut chercher la cause primitive de son mal.

MADAME SURIN.

Cependant quelle mère eût fait autrement que moi?

MADEMOISELLE VALENTINE.

J'en conviens, ma sœur; mais, vois-tu, il y a beaucoup de différence entre un enfant et une grande personne. L'enfant est un être qui s'embarque dans la vie sans la connaître, une plante délicate qu'un soleil trop ardent dessèche et qu'un froid trop vif fait périr. Il faut avoir la main heureuse pour ne jamais se tromper aux soins qu'il exige.

MADAME SURIN.

Penserais-tu?...

MADEMOISELLE VALENTINE.

A Dieu ne plaise, ma chère sœur, que je t'accuse de partialité; je te connais trop bien pour te faire cette injure : non, certes, tu n'as point, dans ton cœur maternel, porté l'une de tes filles avec plus d'amour que les autres; seulement, pardonne-moi de te le dire, le mal s'est fait à ton insu et, loin d'y apporter remède, tu l'as empiré.

MADAME SURIN.

Serait-il possible qu'avec de bonnes intentions?...

MADEMOISELLE VALENTINE.

Me permets-tu de parler?

MADAME SURIN.

Sans aucun doute.

MADEMOISELLE VALENTINE.

Laure, jusqu'à sa septième année, s'était vue l'objet de tes soins exclusifs, elle s'y était habituée; tout à coup un autre enfant arrive et prend sa place sur tes genoux, dans son berceau et jusque dans tes bras. Laure avait une fatale propension à la jalousie, parce qu'elle était d'une sensibilité excessive; elle était trop jeune pour faire la part des circonstances; en se voyant exilée de tes bras, elle se crut exilée de ton cœur. Peut-être alors en chercha-t-elle la cause dans sa conduite, et ne l'y trouvant pas, elle t'accusa d'injustice et souffrit cruellement. Sa souffrance réagit sur son caractère, elle devint triste et murmura tout bas des plaintes qu'elle n'osait formuler tout haut ; tu voulus réprimer ces accès de mauvaise humeur dont tu ne soupçonnais pas la source et tu ne fis que verser du poison sur cette âme blessée : l'effet devint cause à son tour et c'est ainsi que depuis des années vous tournez toutes deux dans le cercle fatal qui vous rend malheureuses.

MADAME SURIN.

Tu m'ouvres enfin les yeux !... Ah ! ma sœur, mon amie, quelles actions de grâces ne te dois-je pas ?... Oui, tu as compris du premier coup la cause du mal dont je me plaignais, et mille circonstances, longtemps inexplicables, confirment tes conjectures.

MADEMOISELLE VALENTINE.

Dans le principe, quelques caresses, une indulgence extrême l'eussent préservée ; aujourd'hui que cette organisation sensible a été tout à fait aigrie par un régime sévère, il faudra longtemps pour la guérir.

MADAME SURIN.

Conseille-moi.

MADEMOISELLE VALENTINE.

Adoptons insensiblement une autre méthode ; loin de brusquer Laure, caressons-la ; loin de refouler sa douleur, ouvrons nos âmes pour qu'elle y répande la sienne. Hélas ! la jalousie est un cancer horrible ; celui qui en souffre est plus digne de pitié que de blâme.

MADAME SURIN.

Tu le vois, je reconnais humblement que j'ai fait

fausse route; sois mon guide, que ton expérience seconde ma bonne volonté; Dieu, je l'espère, me tiendra compte de la pureté de mes intentions.

ACTE II.

Scène première.

CLÉMENCE, CÉCILE, HERMINIE, ADÈLE, HENRIETTE.
(Cécile, Herminie et Henriette sont en blanc avec des fleurs dans leurs cheveux).

CÉCILE.

Est-ce que tu ne vas pas t'habiller, Clémence ? Ces demoiselles ne peuvent tarder beaucoup.

CLÉMENCE.

Je crains que maman ait quelque chose à me faire faire et que Laure ne me voie en toilette. J'irai m'habiller un peu plus tard, lorsque ces demoiselles seront ici et pendant que vous leur tiendrez compagnie.

HERMINIE.

Et nos bouquets ?

CLÉMENCE.

Pierre les prépare ; il a fait en l'honneur de Laure une véritable hécatombe de fleurs d'oranger, de grenades, d'héliotropes et des roses les plus rares.

CÉCILE.

Moi je t'avertis que je veux un bouquet tout blanc.

CLÉMENCE.

Tu seras servie à souhait

ADÈLE.
J'en veux un bien gros, bien gros.
CLÉMENCE.
Gros comme ta tête.
HENRIETTE.
Moi aussi, moi aussi, je le veux gros et de toutes les couleurs... des œillets, des dahlias, des soleils...
TOUTES.
Ah! ah! ah!
HERMINIE.
Quel bon goût, mon ange!
HENRIETTE.
Oui... oui... certainement, plus c'est gros plus c'est joli.
CÉCILE.
Mais où nous réunirons-nous pour la lui souhaiter?
CLÉMENCE.
Dans cette chambre, elle est spacieuse, maman nous la cède pour toute la soirée ; on y roulera le piano et nous pourrons y danser.
CÉCILE.
Mais alors c'est ici qu'il faudrait tout préparer.
CLÉMENCE.
Non, car cette chambre est celle où Laure se tient habituellement, et il pourrait arriver qu'elle découvrît quelque chose. Nous n'apporterons rien qu'au moment. Du reste, ce sera vite fait ; les cadeaux sont arrangés dans des corbeilles et en un clin d'œil Mariette et Fanchon les transporteront ici pendant que Laure s'habillera.

HERMINIE.

Mais comment la faire habiller sans qu'elle devine quelque chose?

CLÉMENCE.

Rien de plus simple; on lui dira que puisque vous êtes ici, nous allons toutes ensemble aller à la promenade.

ADÈLE et HENRIETTE.

Oui, oui... Oh! quelle joie!

Scène II.

LES MÊMES, FANCHON.

FANCHON (accourant).

Demoiselles! demoiselles!... v'la de la compagnie, v'la des demoiselles.

TOUTES.

Nos amies, sans doute.

FANCHON.

Faut croire. Elle sont comme cela en blanc, avec des ceintures qui flottent par devant par derrière et des bouquets dans leurs cheveux!... Ah! mon bon Dieu, on dirait une vraie noce.

MARIETTE (en entrant).

Les demoiselles Saint-Clair, mademoiselle Deroche.

Scène III.

LES MÊMES, LOUISE, CÉLINA, PAULINE, PUIS MÉLINE ET EUGÉNIE.

CLÉMENCE.

Entrez, mes chères amies, nous vous attendions avec impatience.

LOUISE.

Bonjour, chère Clémence, bonjour, petit bijou. Comment, c'est vous, Cécile, Herminie?... Ah! le plaisir est double et je ne m'attendais pas à l'agréable surprise que Clémence nous ménageait.

CÉLINA.

Louise l'a dit, la fête est double; tant mieux, on ne s'amuse jamais trop.

PAULINE.

Et Laure?

CÉCILE.

Laure étudie, la pauvre enfant; elle ne sera mise en liberté que lorsque tout sera prêt.

LOUISE.

Sais-tu qu'elle doit passablement s'ennuyer?

HERMINIE.

Il faut bien qu'elle prenne patience encore un instant.

CÉLINA.

Je pensais trouver ici les demoiselles Dupré; est-ce que vous ne les avez pas invitées?

CLÉMENCE.

Elles ne pouvaient manquer à cette réunion d'amies.

CÉCILE.

J'entends quelqu'un.

ADÈLE (allant regarder).

Ce sont elles !

FACHON (à part).

Sont-elles braves !... Tant plus les unes, tant plus les autres !...

MARIETTE.

Les demoiselles Dupré.

PAULINE.

Allons donc, allons donc !... c'est vous qui êtes en retard aujourd'hui.

MÉLINE.

Il y avait du monde au salon ; nous n'avons pu partir quand nous l'aurions voulu ; soyez assez bonnes pour agréer nos excuses.

EUGÉNIE.

Voyez mon bouquet, comme il est beau.

CLÉMENCE.

Beau comme toi, mon cœur ; tout rose et tout blanc.

CÉLINA.

Et cette fête, enfin, où en est-elle ?

CLÉMENCE.

Tout est prêt ; mais nous ne pouvons commencer avant l'arrivée de mademoiselle Verni, qui doit jouer du piano pour nous faire danser, et qui se fâcherait si nous ne l'attendions pas.

MÉLINE.

Et à quelle heure mademoiselle Verni vient-elle?

CLÉMENCE.

A cinq heures.

CÉLINA.

Il n'y a plus que quelques instants de patience.

PAULINE.

Vous faites sans doute de jolis cadeaux à Laure?

CLÉMENCE.

Maman lui donne une robe blanche avec trois volants brodés.

LOUISE.

C'est sans doute cette interminable broderie qui t'a pris tout l'été ?

CLÉMENCE.

Précisément. Laure en désirait une depuis longtemps ; j'ai obtenu de la satisfaire.

CÉLINA.

Ensuite ?

CLÉMENCE.

Une coiffure de roses du Bengale comme celle de Clara et un bracelet que ma tante lui apporte d'Angleterre.

HERMINIE.

Tu oublies six mignonnes pièces d'or de cinq francs dans une jolie bourse.

CLÉMENCE.

C'est le cadeau de mon papa.

ADÈLE.

Et mes pantoufles?

PAULINE.

Tes pantoufles?

ADÈLE.

Certainement, mes pantoufles.

CÉLINA.

Comment, Bijou, tu lui fais hommage de tes pantoufles?

ADÈLE.

Des miennes!... par exemple!... celles que je lui donne sont neuves, très-neuves... même qu'elles ne sont pas encore faites. Elles sont bleues-grises et argent, en tapisserie; c'est moi qui les ai brodées, avec un coulant de serviette magnifique.

LOUISE.

Après cela, que Laure se plaigne de n'être pas aimée.

HENRIETTE.

Sans compter nos cadeaux à nous : Cécile lui donne un joli livre, Herminie un nécessaire, et moi un flacon plein de quelque chose qui sent très-bon.

MÉLINE.

Il me tarde de voir sa joie.

FANCHON.

En v'là une qui peut se dire heureuse.

CÉCILE.

Et vos chants?

CLÉMENCE.

Nous pouvons les répéter; cela fera passer le temps.

UNE VOIX.
Unissons nos chants,
Venez, mes compagnes,
Que l'écho de nos montagnes
Redise au loin nos accents.
TOUTES.
Quelle voix lointaine
Monte de la plaine ?
Quel appel si doux
Parvient jusqu'à nous?
UNE VOIX.
Venez, mes amies,
Que nos voix unies
Jettent dans les airs
De joyeux concerts.
Ce jour est pur, un doux soleil le dore,
Venez, venez, c'est un jour de bonheur ;
Venez, c'est la fête de Laure,
Venez, c'est la fête du cœur.
TOUTES.
Ce jour est pur, un doux soleil le dore;
Allons, allons, c'est un jour de bonheur.
Allons, c'est la fête de Laure,
Allons, c'est la fête du cœur.

Reçois les vœux de la tendresse,
Chère compagne de nos jeux;
Que le Seigneur sur ta jeunesse,
Sur ton été, sur ta vieillesse,
Fasse couler, du haut des cieux,
Tous ses dons les plus précieux.

Scène IV.

Les mêmes, MADAME SURIN. (Les jeunes demoiselles saluent madame Surin).

MADAME SURIN.

Je vous salue, Mesdemoiselles, comment vous portez-vous?... Je le vois au contentement qui règne sur vos visages, vous êtes en parfaite santé.

MÉLINE.

Tout à fait, Madame, nous vous remercions.

MADAME SURIN.

Vous êtes bien aimables d'avoir répondu à l'invitation de mes filles; et Laure vous en sera bien reconnaissante.

LOUISE.

C'est un grand plaisir pour nous, Madame, que de passer notre soirée auprès de ces demoiselles, et c'est nous qui vous devons des remercîments.

EUGÉNIE.

Voyez mon bouquet, Madame.

MADAME SURIN.

Il est tout à fait charmant, mon cœur.

ADÈLE ET HENRIETTE (sautant de joie).

Nous aussi, nous aussi, nous en aurons.

MADAME SURIN.

Oui, mes chéries.

CLÉMENCE.

Madame Deville n'a-t-elle pas encore envoyé la coiffure, maman ?

MADAME SURIN.

Si, ma fille ; la voici, elle est charmante.

CÉCILE.

Oh ! faites-nous la voir, ma tante, je vous en prie.

MADAME SURIN (ouvrant un carton).

Voyez.

TOUTES.

Ah ! qu'elle est jolie.

HERMINIE.

Essayons-la donc à quelqu'un, que nous voyions si elle va bien.

MADAME SURIN.

Vous êtes toutes coiffées, cela dérangerait vos cheveux.

CLÉMENCE.

Je ne le suis pas, maman.

MADAME SURIN.

Voyons. (Clémence s'assied sur une chaise, madame Surin lui place la coiffure sur la tête, les jeunes demoiselles se groupent autour).

MADAME SURIN.

Eh bien ?...

TOUTES.

Parfait..... délicieux.....

ADÈLE (accourant de la porte).

Maman, maman..... voici Laure.

CLÉMENCE.

Laure!.... ah ciel. (Elle se lève vivement).

MADAME SURIN.

Reste donc, que je t'ôte cette coiffure.

EUGÉNIE ET HENRIETTE.

La voilà, la voilà.

TOUTES.

Cachons-nous, cachons-nous... qu'elle ne nous voie pas.

MADAME SURIN.

Allez dans ma chambre.

CLÉMENCE.

Venez. (Elles sortent toutes par la porte de gauche ; Laure paraît à la porte de droite, les aperçoit et s'arrête sur le seuil).

Scène V.

MADAME SURIN, LAURE.

MADAME SURIN.

Avance donc Laure, pourquoi restes-tu ainsi à la porte ; est-ce que tu as peur ?

LAURE.

Je ne voudrais pas gêner.

MADAME SURIN.

Gêner ?... tu n'y penses pas ; est-ce qu'un enfant gêne dans la maison de ses parents. Viens-ici, ma bonne. Sais-tu tes leçons ?

LAURE.

Un peu, maman.

MADAME SURIN.

Qu'as-tu ? tu sembles interdite, mécontente...

LAURE.

Oh ! non, maman, vous vous trompez.

MADAME SURIN.

Tu t'ennuies peut-être d'être seule pendant si longtemps ?

LAURE.

C'est mon habitude.

MADAME SURIN.

Ton habitude ! non, ma fille, ce n'est pas la tienne en particulier, c'est celle de tous les enfants qui se livrent à l'étude, c'est une nécessité de ton âge à laquelle tu dois te soumettre, comme tout le monde s'y est soumis. Quitte cet air chagrin, ma Laure, quitte la funeste coutume de te tourmenter ainsi à propos de rien. Désires-tu quelque chose? parle, je me ferai un plaisir de te satisfaire.

LAURE.

Je ne désire rien, maman.

MADAME SURIN.

Reprends donc un air joyeux, comme autrefois. Hélas! ma sollicitude maternelle étudie partout les jeunes personnes de ton âge pour deviner ce qui te manque, et je trouve toujours que tu es placée dans les plus excellentes conditions de bonheur. Vois Fanchon, par exemple, que dirais-tu si je déployais à ton égard la sévérité excessive de la mère Babet ; tous les jours une longue tâche, et des coups si cette tâche n'est point remplie, peu de chose pour sa toilette, jamais une caresse, et cependant Fanchon est gaie, Fanchon a une fraîcheur de grenade, Fanchon est heureuse en un mot, tandis que toi....

LAURE.

Moi aussi, je suis heureuse, maman.

MADAME SURIN.

Tu n'en parais pas convaincue, ma fille ; peut-être plus tard le comprendras-tu mieux. Je te laisse un instant pour donner quelques ordres, attends-moi, nous reprendrons le fil de notre conversation.

LAURE.

Oui, maman.

Scène VI.

LAURE (seule).

Elle est bien à plaindre, Fanchon, de longues tâches, jamais de caresses et quelquefois des coups !.... Plut à Dieu que je fusse comme elle..., le travail ne m'effraie pas, et du moins elle ne voit pas chaque jour, sous ses yeux, des préférences qui l'aigrissent. (Elle va s'asseoir dans un coin). Décidément, c'est à la maison qu'aura lieu la fête ; on dansera et il y aura collation... La salle à manger est garnie de fleurs, nos amies sont ici en toilette, maman essayait une coiffure à Clémence !.... Comme elle s'est sauvée à ma vue ! et maman qui vient

ensuite m'embrasser et me dire que je suis heureuse !..
Qu'elle était jolie cette coiffure !... j'en ai tant désiré
une semblable, et Clémence en a une autre toute neuve... si au moins on m'avait donné celle-ci..... (Elle se lève). Mais non, je n'en voudrais point ; je ne suis pas pas faite pour porter ses restes, je suis autant qu'elle ici !... (Elle fait quelques pas et aperçoit la poupée d'Adèle). Te voilà, Bébé, tu es sans rancune, toi, tu me tiens compagnie quant tout m'abandonne ! et pourtant je n'ai jamais fait de mal qu'à toi !... (D'un ton ému). Si j'avais su, pauvre Bébé, je t'aurais ménagée !.. (Brusquement). Il est vrai que tu n'es que du carton et de la poudre de bois... sans cela tu ferais comme les autres tu me tournerais le dos... tiens... (Elle la jette loin d'elle).

Scène VII.

LAURE, MADEMOISELLE VALENTINE.

MADEMOISELLE VALENTINE.

Que fais-tu ?

LAURE (un peu confuse).

Ah ! c'est vous, ma tante ?... mais rien.

MADEMOISELLE VALENTINE.

Pourquoi jettes-tu ainsi cette poupée ?

LAURE.

Je ne suis plus d'âge à m'en amuser.

MADEMOISELLE VALENTINE.

Non sans doute ; mais tu devrais la ménager à cause

de ta sœur qui s'en amuse, elle, et à qui sa perte ferait grand tort.

LAURE.

Maman lui en achètera une autre.

MADEMOISELLE VALENTINE.

Viens ici, ma Laure, et parlons raisonnablement, comme d'anciennes amies : le veux-tu ?

LAURE.

Mais... ma tante...

MADEMOISELLE VALENTINE.

Veux-tu me permettre d'être franche avec toi, et me promettre de l'être avec moi ?

LAURE.

Je ne demande pas mieux.

MADEMOISELLE VALENTINE.

Tu n'es pas heureuse, mon enfant.

LAURE.

Moi !

MADEMOISELLE VALENTINE.

Toi-même ; réponds-moi sans détours.

LAURE.

Qui vous l'a dit ?

MADEMOISELLE VALENTINE.

L'affection que j'ai pour toi. (Laure cache son visage dans ses deux mains). Pauvre petite, tu as bien souffert !.. Voyons, ne veux-tu rien me dire, ne crois-tu pas que je sois ta véritable amie ?

LAURE.

Oh ! oui, ma véritable amie, ma seule amie.

MADEMOISELLE VALENTINE.

Ouvre-moi ton cœur, pauvre Laure ; tu souffres ?

LAURE.

Oh ! oui.

MADEMOISELLE VALENTINE.

Pourquoi ?

LAURE (avec explosion).

Maman ne m'aime pas.

MADEMOISELLE VALENTINE.

Tu portes là, ma chère fille, une bien terrible accusation ; crois-tu cela possible, une mère ne pas aimer son enfant !

LAURE.

Quand vous aurez vu comme elle chérit mes sœurs, vous me croirez, et alors, vous me plaindrez peut-être.

MADEMOISELLE VALENTINE.

Je te plains, ma Laure, je te plains de tout mon cœur. Quant à te croire ainsi sur parole, non ; je sais que tu es sincère, mais tu peux te tromper. Dis-moi d'abord sur quoi est basée l'accusation que tu portes contre madame Surin ?

LAURE.

Sur mille faits qui par eux-mêmes semblent peu de de chose ; mais qui réunis.....

MADEMOISELLE VALENTINE.

Un exemple ?

LAURE.

Il ne m'en revient pas à la mémoire ; mais enfin il y a cela de certain, que mes sœurs ne sont jamais grondées, et que je le suis continuellement.

MADEMOISELLE VALENTINE.

S'il en est ainsi, la préférence est manifeste; mais dis-moi, ma Laure, rien dans ta conduite ou dans ton caractère ne force-t-il madame Surin à te gronder plus souvent que tes sœurs.

LAURE.

J'ai peut-être le caractère aigri, je suis si malheureuse! cependant je remarque que, lors même que je m'applique le plus, je suis toujours réprimandée.

MADEMOISELLE VALENTINE.

Mon enfant, il ne suffit pas, pour être à l'abri de toute réprimande, de remplir exactement ses devoirs, il faut encore se montrer constamment prévenante et gracieuse, il faut savoir rendre un service à propos, et oublier facilement un manque d'égard. Sans être aussi studieuses, aussi réservées que toi, tes sœurs possèdent ces qualités aimables qui font le charme des liens de famille, et c'est pour cela qu'elles sont généralement aimées, tandis que toi, avec un cœur excellent et des dispositions plus heureuses que les leurs, tu plais moins parce que tu apportes à toutes tes relations une rudesse, une défiance, une taciturnité qui repousse l'expansion. Fais comme elles un jour, et tu verras.

LAURE.

J'y ai bien songé quelquefois; mais on ne répondra pas à mes avances, et voilà tout ce que j'y gagnerai.

MADEMOISELLE VALENTINE.

Tu te figures cela, parce que tu t'es fait de la défiance une longue habitude; tente un effort suprême pour vaincre sur ce point ton caractère, le reste te sera facile.

LAURE.

Ah ! ma tante.... si j'étais auprès de vous toujours... mais devant maman, je n'ose.

MADEMOISELLE VALENTINE.

Ta maman te chérit, ma fille. (Laure secoue la tête). Tu ne me crois pas ?

LAURE.

Ignorez-vous qu'il y a fête ici ce soir.

MADEMOISELLE VALENTINE.

Eh bien, quand cela serait.

LAURE.

Pourquoi maman ne veut-elle pas que j'y sois.

MADEMOISELLE VALENTINE.

Qui t'a dit que tu n'y serais pas ?

LAURE.

On ne se serait pas caché de moi, si je devais y être.

MADEMOISELLE VALENTINE.

Ma chère Laure, suspends je te prie tout jugement jusqu'à demain matin, tu changeras sans doute d'idées. Ensuite, si tu le veux, nous ferons une convention dont voici les bases : pendant un mois, tu observeras attentivement ta mère et tes sœurs, afin d'arrêter ta conviction à leur égard ; mais avant de prononcer sur le moindre de leurs actes, tu viendras le raisonner avec moi. Au bout de ce temps, si tu persévères dans ta croyance, je me rangerai à ton avis et tu viendras habiter ma campagne aux environs d'Orléans. Je me chargerai de ton éducation, tu seras tout à fait ma fille.

LAURE.

O ma bonne tante, ma véritable amie, ou plutôt mon excellente mère, quelle reconnaissance vous dois-je!... mais pourquoi attendre un mois, emmenez-moi de suite, je vous en supplie.

MADEMOISELLE VALENTINE.

Ma chère amie, je ne puis t'enlever à ta mère sans être convaincue, ainsi que tu sembles l'être, de sa partialité; il faut de bonnes raisons pour motiver un fait aussi grave. D'ailleurs, j'ai promis à ta maman de passer un mois auprès d'elle, je ne saurais comment excuser ce manque de parole, qu'elle pourrait à bon droit qualifier de caprice.

LAURE.

Attendons un mois, ma tante (elle soupire).

MADEMOISELLE VALENTINE.

Qu'as-tu?.... ce délai te paraît-il trop long?

LAURE.

Non, ma tante; mais je suis sûr que maman me verra partir sans le moindre regret.

MADEMOISELLE VALENTINE (à part).

Pauvre enfant!..

Scène VIII.

MADEMOISELLE VALENTINE, LAURE, FANNY ET MARIETTE (portant chacune une corbeille).

FANNY (en entrant).

Voici la robe de mademoiselle Clémence..... mais....

mais.... (se retournant vers Mariette qui la suit). Chut! Mademoiselle Laure est ici. (Mariette ne fait qu'apparaître et se sauve).

MADEMOISELLE VALENTINE.

Qu'apportez-vous?

FANNY.

Rien, rien, mademoiselle, ce sont les rideaux du salon avec..... une vieille robe.... de mademoiselle Clémence dont madame voulait qu'on habillât la petite du jardinier. Je cours porter cela à madame qui l'attend.

MADEMOISELLE VALENTINE.

Bien. Viens avec moi, Laure.

LAURE.

Je le voudrais bien, ma tante, mais maman m'a ordonné de l'attendre.

MADEMOISELLE VALENTINE.

Aussitôt que tu seras libre, viens me rejoindre dans ma chambre.

LAURE.

Oui, ma tante.

Scène IX.

LAURE seule (elle s'assied et réfléchit profondément).

Oui... j'irai avec ma tante, je serai sa fille, j'oublierai tout ce que ces gens me font souffrir!..... Hélas! j'aimais tant ma mère, j'aurais été si heureuse de vivre près d'elle si elle l'avait voulu..... Je partirai sans laisser un regret; mon départ sera un jour de délivrance, on n'aura plus besoin de se cacher pour donner des fêtes, de chercher mille détours pour me dérober la vue des présents dont on comblera Clémence ! (Elle cache sa figure dans ses mains et se met à pleurer). Je suis bien malheureuse !...... oh ! oui, bien malheureuse..... cette maison où j'ai été élevée, ce jardin où j'ai fait mes premiers pas, cette ville qu'une longue habitude m'a rendue chère, je vais tout quitter ! et il me faut encore remercier Dieu qu'un cœur charitable ait pris en pitié mon délaissement !..... Si j'essayais de suivre les conseils de ma tante ?...... Ce n'est pas possible !..... puis-je donc être gaie quand tous les tourments de la jalousie me dévorent !... (Elle se promène un instant de long en large). Pourvu encore que ma tante n'aille pas trouver maman et ne lui révèle pas le secret de mes confidences ; on chercherait à me donner le change, on me conduirait à cette soirée et j'y serais au supplice parce que je saurais qu'on m'y voit de mauvais œil... Hélas ! ma tante pourrait-elle aussi me trahir !... Bah ! il ne faut se fier à personne..... une idée..... si l'on fait mine de m'en parler je dirai que j'ai mal à la tête.

Scène X.

LAURE, CLÉMENCE, ADÈLE.

ADÈLE (accourant la première).

Vois-tu, vois-tu que Laurette y est, Fanny le disait bien.

LAURE.

Est-ce que je suis de trop.

CLÉMENCE.

Que dis-tu, enfant, tu n'es jamais de trop.

LAURE.

Vous avez donc laissé nos cousines seules ?

ADÈLE

Du tout, elles sont.....

CLÉMENCE (lui faisant un signe).

Elles sont allées visiter leur vieille bonne Geneviève, elles ne rentreront qu'au moment du dîner.

LAURE.

(A part) quel mensonge ! (haut) Est-ce que vous n'allez pas vous habiller ?

CLÉMENCE (souriant).

Ne le sommes-nous pas ?

LAURE.

Tu m'entends bien.

CLÉMENCE.

Tout à fait.

LAURE.

Quand je dis tu m'entends, je veux dire tu me comprends.

CLÉMENCE.

Mais pas trop, chère sœur.

LAURE.

Tu n'y mets pas de bonne volonté.

CLÉMENCE.

Explique-toi.

LAURE.

Qelle idée de nier encore ; comme si je pouvais ignorer qu'il y a fête ici ce soir.

ADÈLE.

Comment cela ! tu le sais ?..... Voilà le plaisir envolé.

LAURE.

N'aie pas peur, je ne veux pas le troubler, ton plaisir.

CLÉMENCE.

Mais, ma chère Laure, tu es injuste ; quand il y aurait ce soir une fête ici, bien loin que ta présence la trouble, elle en serait le nœud et le complément.

LAURE.

C'est pour cela sans doute que l'on m'en exclut.

CLÉMENCE.

Mais tu n'en seras pas exclue, je l'espère.

LAURE.

On se cache de moi !... joli billet d'invitation.

CLÉMENCE.

Oh ! tu conviendras qu'entre nous les billets d'invitation sont inutiles.

LAURE.

C'est égal, je sais ce que je sais.

ADÈLE.

Nous aussi.

LAURE.

Tant mieux, je vous souhaite beaucoup de plaisir.

CLÉMENCE.

Et, s'il te plaît, tu le partageras.

LAURE.

Non certes.

CLÉMENCE.

Je parie que si.

LAURE.

Et moi je t'assure que non.

CLÉMENCE.

Nous verrons.

LAURE.

Tu verras.

Scène XI.

LES MÊMES, MADAME SURIN, MADEMOISELLE VALENTINE, FANCHON.

FANCHON (derrière le théâtre).

Et voilà la vraie vérité, not'Dame, tout est prêt, il n'y a plus que mademoiselle Laure qui nous gêne.

LAURE (à part).

Je la gêne !

MADAME SURIN (en entrant).

Que faites-vous ici mes chéries ?

CLÉMENCE.

Vous le voyez, maman, nous causons.

MADAME SURIN.

J'aime à vous voir ainsi réunies à causer comme de bonnes sœurs, mes enfants ; mais ce soir nous avons autre chose à faire qu'à goûter les épanchements de l'amitié. Je dois vous prévenir que j'ai invité vos amies à une petite fête et que je vous charge de leur faire les honneurs de la maison.

CLÉMENCE.

Nous nous en acquitterons de notre mieux.

ADÈLE.

Oh ! oui, maman.

LAURE (à part).

Ma tante l'a prévenue, je m'en doutais.

MADAME SURIN.

Et toi, Laure, tu ne dis rien ?

LAURE.

Moi, maman ?

MADAME SURIN.

Toi-même, est-ce qu'il y a plusieurs Laure ici.

FANCHON.

Dame! c'est parler juste : si je disais des *si* et des *moi* à la mère Babet, elle me répondrait par une giroflée à cinq feuilles proprement appliquée.

MADEMOISELLE VALENTINE A LAURE.

Réponds donc.

LAURE.

Je prie maman de m'excuser; je ne voudrais point paraître à cette soirée.

TOUTES.

Pourquoi cela ?

LAURE.

C'est que..... J'ai mal à la tête.

MADAME SURIN.

Ce ne sera rien, le plaisir aura bien vite dissipé cette petite indisposition.

LAURE.

Je vous supplie de m'en dispenser, maman.

CLÉMENCE.

Comment, Laure, tu refuserais de partager notre joie?

ADÈLE.

Songe que sans toi, la soirée ne sera pas complète.

FANCHON (à part).

V'la tout à l'heure la bonne fête qui va faire le plongeon.

MADAME SURIN.

Je ne puis consentir à ce que tu demandes, ma fille, et tu voudras bien te conformer à mes ordres.

LAURE.

Je me sens malade, je ne pourrais m'y amuser, et je troublerais les autres.

MADAME SURIN.

Tu te forceras pour paraître gaie ; peut-être même finiras-tu par le devenir.

LAURE.

Maman, je vous remercie, mais je ne voudrais pas y aller.

MADAME SURIN.

Je l'exige, Laure. (Appelant). Fanny !

LAURE.

Maman..... je..... ne veux pas.

MADAME SURIN.

Je le veux, moi, ma fille ; c'est un caprice sans nom que je ne dois pas tolérer.

FANNY (entrant).

Que désire Madame?

MADAME SURIN.

Vous allez emmener Laure, et vous l'habillerez pour

la fête de ce soir, pendant que Clémence va s'occuper de la toilette d'Adèle.

LAURE.

Maman... je...

MADAME SURIN.

Obéissez, Laure.

FANNY.

Comment faudra-t-il habiller Mademoiselle?

MADAME SURIN.

Vous lui mettrez sa robe blanche.

LAURE (à part).

Pendant que Clémence a une robe brodée.

FANNY.

Et dans ses cheveux?

MADAME SURIN.

Rien du tout, vous la coifferez de votre mieux, cela suffira.

LAURE (à part).

Clémence a besoin de roses, elle.

MADAME SURIN

Allez, Fanny.

FANNY.

C'est bien, Madame. Venez, mademoiselle Laure. (Laure fait le mouvement de résister).

MADAME SURIN.

Faut-il que je me fâche, Laure! (Laure suit Fanny).

CLÉMENCE.

Nous allons aussi nous occuper de notre toilette, maman, nos cousines nous remplaceront auprès de nos amies.

MADAME SURIN.

Oui, ma fille.

Scène XII.

MADAME SURIN, MADEMOISELLE VALENTINE.

MADAME SURIN.

Tu vois, Valentine, tu vois ce qu'un pareil caractère nous fait journellement souffrir! Peux-tu encore accuser ma patience?

MADEMOISELLE VALENTINE.

Dieu me garde d'accuser ta patience, mon excellente sœur! Toutefois, je t'en conjure, ne te lasse pas d'en avoir; nous ferons revenir, mais seulement à la longue et à force de douceur, cette malheureuse enfant des préventions qui la dévorent. Montrons-lui donc une indulgence que rien ne lasse, une miséricorde à toute épreuve, tâchons de gagner sa confiance, c'est l'unique moyen de forcer à s'ouvrir ce pauvre cœur fermé.

MADAME SURIN.

Et ses amies qui se réunissent pour la fêter; faut-il que je les expose aux boutades de son humeur?

MADEMOISELLE VALENTINE.

Nous veillerons pour les en préserver; mais, au nom du ciel, patience, patience!.. Je lui disais tantôt: «Où tu verras une offense, cherche au fond l'intention bonne »

Je te dis à toi, pauvre mère, « où tu verras un caprice, cherche une blessure saignante, un mal profond. »

MADAME SURIN.

Je cède encore, car j'ai confiance en toi; mais je redoute d'avance quelque scène pour la soirée.

MADEMOISELLE VALENTINE.

Je veillerai de près, ne crains rien.

MADAME SURIN.

Je te laisse avec ces demoiselles préparer la fête; j'ai à m'occuper ailleurs.

MADEMOISELLE VALENTINE.

Ne te gêne nullement.

Scène XIII.

MADEMOISELLE VALENTINE, CÉCILE, HERMINIE, LOUISE, MÉLINE, CÉLINA, PAULINE, HENRIETTE, EUGÉNIE, MARIETTE, FANCHON. (Les jeunes demoiselles ont toutes un bouquet à la main, Fanchon et Mariette portent des corbeilles. Mademoiselle Valentine entre et sort pour s'occuper de l'arrangement de la fête).

MARIETTE.

Ah! cette fois, elle n'y est plus, grâce à Dieu, j'ai cru qu'elle ne sortirait pas d'ici.

FANCHON.

Dame! nous n'avons pas de temps à perdre pour ranger tout ça; où faut-il mettre la corbeille que voilà?

MADEMOISELLE VALENTINE.

Pose-là ici. (Elle l'arrange et sort).

CÉCILE.

Celle que tient Mariette à côté et le fauteuil de Laure au milieu du salon : le coup-d'œil sera charmant.

LOUISE

Quant à nous, nous nous placerons ici.

EUGÉNIE ET HENRIETTE.

Comme nous allons nous amuser !

CÉLINA (à demi-voix).

Pourvu que Laure ne fasse pas des siennes.

HERMINIE.

Je n'en répondrais pas, au moins ; cela dépend. (A Mariette qui sourit). Qu'en dites-vous, Mariette ?

MARIETTE.

Qui ne répond que pour soi ne paie jamais pour les autres, comme disait le grand-père de Fanchon.

FANCHON (de l'autre bout du théâtre où elle s'occupe à ranger des fleurs).

Pauvre cher homme, Dieu ait son âme. (Elle se remet à ses fleurs).

PAULINE (à demi-voix).

Laure est parfois d'une humeur !

MÉLINE (sur le même ton).

Passablement hargneuse !

MARIETTE (de même).

C'est le mot ça ; tout comme le gros boule-dogue que Monsieur fit tuer l'an passé.

FANCHON (de l'autre bout du théâtre).

Ah ! le brave homme que c'était ; il se serait ôté le morceau de la bouche pour le donner à un pauvre.

TOUTES.

Ah ! ah ! ah !...

MARIETTE.

Qu'est-ce qu'elle dit ?

FANCHON (s'approchant).

Je m'en souviens comme si c'était d'aujourd'hui ; il aurait partagé sa dernière écuellée de soupe avec son voisin.

MARIETTE.

Pas mal ! c'est-à-dire qu'il aurait étranglé un enfant pour le moindre petit bout d'os.

FANCHON.

Lui ! bonté divine ! vous avez grand tort de parler ainsi, Mariette, c'était la douceur personnifiée ; il aidait aux malheureux, et mettait en bon chemin les voyageurs.

MARIETTE.

En leur mordant les jarrets.

FANCHON.

Lui ! par exemple !... il n'a jamais mordu personne, entendez-vous ; je vous le ferai dire par ma mère : ça aurait tout au contraire cédé le pas à un enfant.

MARIETTE.

Petit masque ! Ça se mêle de me donner le démenti ! il cédait joliment le pas aux enfants ; il a manqué, sur la fin de sa vie, dévorer mademoiselle Adèle qui allait vers lui sans défiance.

FANCHON.

C'est une horreur ce que vous dites-là ; bénédiction !... lui, dévorer mademoiselle Adèle !... Apprenez qu'il était si honnête, qu'il n'aurait jamais passé devant quelqu'un sans lui tirer son chapeau.

MARIETTE (étonnée).

Son chapeau !

FANCHON.

Oui, son chapeau. Même que quand il est mort, M. le curé en a parlé au prône.

MARIETTE.

Au prône !

FANCHON.

Oui, au prône. Voici la crème de la paroisse que j'allons enterrer !... a-t-il dit.

CÉLINA.

Il parlait bien, M. le curé.

MARIETTE.

Ah ! ça, est-ce qu'elle a perdu la boussole ?

FANCHON.

Je crois que c'est vous bien plutôt qui l'avez perdue.

MARIETTE.

Aller dire qu'il tirait son chapeau, que c'était la crème de la paroisse, et que M. le curé en a parlé au prône !

FANCHON.

Et vous, aller dire qu'il étranglait les enfants, qu'il mordait les jarrets des passants et qu'il voulait dévorer mademoiselle Adèle !

MARIETTE.

Mais enfin, de qui donc parles-tu ?

FANCHON.

Eh ma fine, de mon grand-père ?

TOUTES.

Ah ! ah ! ah !...

MARIETTE.

Le tour est bon ; je parlais du boule-dogue de Monsieur.

FANCHON.

Dame ! vous m'en direz tant.

CÉCILE.

C'est bien dommage que cela finisse ; vous nous amusiez.

LOUISE.

Et notre fête ! nous n'y songeons plus ! Hâtons-nous, hâtons-nous. (Elles remplissent en chantant les corbeilles de fleurs).

  Mélangeons les fleurs,
  Varions-en les couleurs ;
  C'est la fête de notre amie,
  C'est la fête de l'harmonie,
  Mélangeons les fleurs
  Varions-en les couleurs.

  Placez ici la rose,
  Le lis et le jasmin,
  Et la bruyère rose
  La belle du matin.
  Mais voici l'immortelle,
  Qui se rit du trépas.
  C'est l'amitié fidèle.
  Ah ! ne l'oublions pas !

CÉLINA.

Je crois que tout est pour le mieux maintenant.

TOUTES.

L'effet est admirable.

LOUISE.

Et le fauteuil pour Laure ?

CÉCILE.

Au milieu de toutes ces richesses.

HERMINIE.

Le voilà.

TOUTES.

Bien, bien.

MARIETTE.

Oui dà ! c'est joli.

FANCHON.

Bonté divine ! on dirait un vrai reposoir de la fête à Dieu !

MARIETTE.

Mais tout cela ne fait pas mon ouvrage, à moi ; le plus pressé est de voir si mes sauces ne tournent pas.

PAULINE.

Et Clémence, comme elle se fait attendre !

EUGÉNIE.

Le temps me dure de commencer.

MÉLINE.

Si vous voulez m'en croire, nous irons l'attendre au salon, auprès de mademoiselle Verni ; car il pourrait arriver qu'en restant ici, Laure nous entendrait et viendrait nous surprendre à l'improviste. Alors je vous demande quelle longue mine nous aurions.

HENRIETTE.

Je frissonne rien que d'y songer.

FANCHON.

J'en ai la chair de poule.

TOUTES.

Méline a raison, partons! partons! (Elles sortent sur la pointe du pied; Laure paraît un instant après par la porte en face).

Scène XIV.

LAURE seule. (Elle est en robe blanche).

Il n'y a plus personne, elles sont parties, tant mieux... Mais comme tout cela est beau, des fleurs de toutes parts... Est-ce donc ici que l'on va danser?..... Comme elles étaient bien mises au prix de moi, avec ma vieille robe de deux années. Hélas! c'est ma seule parure!... Qu'y a-t-il dans ces corbeilles?..... Si j'osais!... Bah! personne ne me voit. (Elle soulève le rideau). Ah!... voilà donc enfin ce mystère que l'on voulait tant me cacher; c'est la robe de Clémence, cette robe qu'elle a mis six mois à broder... pendant que moi je festonnais des bandes pour garnir les rideaux!... Qu'elle est belle, cette robe? Clémence brode si bien... Cela lui en fait deux toutes neuves; à côté d'elle, j'aurai l'air de sa femme de chambre!..... Mais ce n'est pas tout; voici la coiffure et une jolie bourse avec de l'or dedans; la parure est complète!...

Qu'est ceci ? un nécessaire en argent ; je ne le lui connaissais pas, mais on se cache de moi pour la moindre chose ; et cela ? (Elle ouvre un écrin). Un bracelet ! un bracelet charmant !... Ah ! ah ! voici un billet ! (Elle lit). « De la part de la tante Valentine. » Ma tante !... ma tante aussi !... ma tante lui fait des cadeaux semblables ; et à moi, rien... rien... Ah ! que je suis malheureuse ! Ma tante elle-même me préfère ma sœur, et je ne trouverai jamais personne pour m'aimer !... (Elle se met à pleurer et reprend d'un ton plus animé). Non, je n'irai pas à cette fête, on m'y traînera de force si l'on veut ; je n'irai point, par la simplicité de ma mise, faire ressortir la brillante toilette de Clémence !...... D'ailleurs, ce n'était pas l'intention de maman que j'y parusse ; ma tante ne m'a caressée que pour savoir mon secret et me trahir !... Ah ! si je n'écoutais que mon ressentiment, je la troublerais, cette fête, je l'empêcherais bien de servir ce soir, cette superbe toilette !... Qu'est-ce qui me retient ? En serai-je moins malheureuse, moins détestée ?... Puisque c'est un plaisir pour maman que de me gronder, qu'elle en ait enfin un véritable motif !... Troublons leur joie puisqu'elles n'ont pas voulu que je la partage.... Tiens ! tiens ! Clémence... la voilà ta parure !..... (Elle donne plusieurs coups de ciseaux dans la robe et froisse la coiffure entre ses doigts). Tiens ! (avec effroi). Ah ! mon Dieu !..... qu'est-ce que je viens de faire ?... Mais c'est un rêve !... Mon Dieu... je n'ai pas fait cela... Ah ! je suis perdue... il n'est que trop vrai !... (Elle s'assied dans le fauteuil). Hélas! maudite jalousie, à quoi m'as-tu poussée?... Cette fois personne ne me pardonnera, et je n'ai plus qu'à mourir de honte!... Dieu, j'entends du bruit!... on vient... ce sont elles!... (Elle s'enfuit du côté par où elle est venue ; les jeunes demoiselles entrent par le côté opposé).

Scène XV.

MADAME SURIN, MADEMOISELLE VALENTINE, CLÉMENCE, CÉCILE, HERMINIE, LOUISE, PAULINE, CÉLINA, MÉLINE, ADÈLE, HENRIETTE, EUGÉNIE, FANCHON, FANNY, MARIETTE.

MADAME SURIN.

Nous voilà enfin toutes réunies ; il est temps de délivrer notre pauvre Laure.

MADEMOISELLE VALENTINE.

Allez vite la chercher, Fanny. (Fanny sort).

EUGÉNIE A HENRIETTE.

Quel gros bouquet tu as !

HENRIETTE.

Je l'ai voulu comme cela.

MADAME SURIN.

J'admire, mesdemoiselles, avec quel goût vous avez rangé ce salon.

CÉLINA.

Nous y avons mis tout notre talent, madame.

MADAME SURIN.

Vous êtes bien aimables ; plût à Dieu que Laure vous ressemblât.

TOUTES.

Mademoiselle Laure est très-gentille

MADEMOISELLE VALENTINE.

Ou du moins elle le deviendra.

FANNY (rentrant).

Mademoiselle Laure ne veut pas descendre, Madame, elle dit qu'elle a mal à la tête.

MADAME SURIN.

Dites lui, Fanny, que j'exige qu'elle descende.

FANNY.

Je le lui ai dit, madame, mais il m'a été impossible de la décider.

MADAME SURIN.

Dites-lui que mes ordres sont positifs et n'admettent pas d'excuses.

FANNY.

J'ai fait tout ce que j'ai pu, Madame, je l'ai menacée de votre colère, je l'ai prise par les sentiments ; tout a échoué.

MADEMOISELLE VALENTINE.

Vas-y donc, Clémence, tu seras sans doute plus heureuse (Clémence sort).

FANNY.

Si mademoiselle Clémence la décide, elle aura du talent.

MADEMOISELLE VALENTINE.

Je me souviens en effet qu'elle s'est plainte du mal de tête, depuis ce matin.

FANCHON.

Bonne Notre-Dame! si elle savait ce qui l'attend, c'est ma fine un vrai autel!

CLÉMENCE (rentrant).

Maman, Laure ne veut pas venir; elle pleure et se cache le visage, il m'a été impossible d'en obtenir une parole.

MADAME SURIN.

Il suffit, c'est trop accorder à l'indulgence ; ces présents, dont elle est indigne, passeront à qui les mérite mieux. Venez, mesdemoiselles nous achèverons la fête sans elle.

TOUTES.

Oh! madame! oh! ma tante!

CLÉMENCE.

Maman je vous en supplie.

ADÈLE.

Grâce, chère petite mère, grâce!

MADAME SURIN,

Cette enfant me fera mourir.

CLÉMENCE.

Maman, elle est peut-être malade; laisse-la se remettre un peu, je t'en supplie.

TOUTES.

Oui, oui, Madame.

FANCHON.

Je vous en prions.

MADEMOISELLE VALENTINE.

Laisse-toi fléchir, ma sœur, tu sais ce dont nous sommes convenues. Je vais la voir à mon tour (elle sort).

MADAME SURIN.

Mais il est inouï que toute une maison cède à des caprices d'enfant.

TOUTES.

Elle va venir, mademoiselle Valentine va l'amener.

FANCHON (regardant par la porte).

Cette fois la voilà ! victoire !...

Scène XVI.

LES MÊMES, LAURE (elle a le visage bouleversé),

MADAME SURIN.

Enfin vous voilà, Mademoiselle, c'est fort heureux que vous daigniez obéir.

TOUTES.

Madame !... ma tante !... maman !

MADEMOISELLE VALENTINE.

Allons ma sœur, grâce ; et toi, Laure, sèche tes larmes, tu es entourée d'amies.

TOUTES.

Oui, oui... Vive Laure, vive Laure !

LAURE.

Que disent-elles ? (à part) Faisons bonne contenance.

MADEMOISELLE VALENTINE (la conduisant vers le fauteuil).

Place-toi ici ; puisque tu as mal à la tête, tu seras mieux que partout ailleurs.

LAURE.

Cette place ne m'était point réservée, ma tante.

MADEMOISELLE VALENTINE.

Conserve-la toujours.

CHANT.

UNE VOIX.

Unissons nos chants,
Venez mes compagnes,
Que l'écho de nos montagnes
Redise au loin nos accents.

TOUTES.

Quelle voix lointaine
Monte de la plaine ?
Quel appel si doux
Parvient jusqu'à nous ?

UNE VOIX.

Venez mes amies,
Que nos voix unies,
Jettent dans les airs
De joyeux concerts.
Ce jour est pur, un doux soleil le dore ;
Venez, venez, c'est un jour de bonheur ;
Venez, c'est la fête de Laure,
Venez c'est la fête du cœur.

TOUTES.

Ce jour est pur un doux soleil le dore,
Allons, allons c'est un jour de bonheur,
Allons, c'est la fête de Laure,
Allons, c'est la fête du cœur.

Reçois les vœux de la tendresse,
Chère compagne de nos jeux ;
Que le Seigneur sur ta jeunesse,
Sur ton été, sur ta vieillesse,
Fasse couler du haut des cieux,
Tous ses dons les plus précieux.

Laure pendant le chœur fait divers gestes de surprise.

Toutes les jeunes personnes entourant Laure.

Vive Laure ! vive Laure !...

CÉCILE.

Nous allons t'accabler sous les fleurs.

LAURE.

Mais... je... ne... comprends pas !...

CELINA.

Comment ! tu ne comprens pas que c'est ta fête et que nous te la souhaitons.

LAURE.

A moi ?

FANCHON.

Dame !... à qui donc ?

LAURE (retombant sur le fauteuil).

Ah ! grand Dieu !..,

CLÉMENCE.

Tu désirais une robe blanche, chère sœur, accepte celle que je t'ai brodée.

MADAME SURIN.

Et la coiffure pour aller avec.

ADÈLE.

Et mes pantoufles.

PAULINE.

Et un joli bracelet d'or.

MÉLINE.

Et une jolie bourse, un livre, un nécessaire, un flacon.

TOUTES.

Tiens, tiens, Laurette, ces deux corbeilles en sont pleines.

LAURE (dans le plus grand trouble).

Grand Dieu!... qu'ai-je fait!... c'était pour moi!... (Elle se couvre le visage).

MADAME SURIN.

Qu'as-tu donc mon enfant, pourquoi ces pleurs?

TOUTES.

Qu'à-t-elle?

MADEMOISELLE VALENTINE.

Laure, ma petite amie, bon Dieu, est-ce que la joie te troublerait ainsi?

TOUTES.

Laure, Laure... parle donc?

LAURE (pleurant).

Ah! que je suis malheureuse!

MADAME SURIN.

Toi!... malheureuse, ma chère enfant, pourquoi?... nous voulions tout le contraire.

LAURE.

Hélas! hélas!

MADEMOISELLE VALENTINE.

Calme-toi, ma Laure, calme-toi. Voyons, regarde un peu les jolis présents que l'on te préparait depuis si longtemps (ses amies lui présentent les corbeilles).

LAURE (repoussant les corbeilles).

Non!... non... ah!...

TOUTES (entr'elles).

Qu'a-t-elle? Nous n'y comprenons rien.

FANCHON.

Ma fine, si l'on m'en offrait autant, je ne ferais pas tant de cérémonies.

MADAME SURIN (à part).

Je ne sais que penser du désordre de cette petite.

ADÈLE.

Laurette, Laurette... ne pleure donc plus.

CLÉMENCE.

Cette robe brodée que tu désirais tant, la voici, elle est à toi, Laure... jettes-y au moins un coup d'œil... (Elle soulève le voile) Mais... que vois-je? qui a osé... ah! ma pauvre robe!...

TOUTES.

Quoi donc?... que dis-tu?

CLÉMENCE.

Voyez la robe est couverte de coups de ciseaux... elle est déchiquetée.

TOUTES (s'approchant).

Oh! et la coiffure!... qui a pu faire cela?

MADAME SURIN.

C'est incroyable!

FANCHON.

En v'la un de crime féroce!... ça mérite les galères!

MADEMOISELLE VALENTINE.

Je comprends!

MADAME SURIN.

En vérité, c'est une noirceur qui surpasse tout ce que j'avais pu imaginer.

MADEMOISELLE VALENTINE (à part à madame Surin).

Je devine la coupable ; laisse-moi faire.

MADAME SURIN.

Qui donc?

MADEMOISELLE VALENTINE.

Écoute et surtout ne m'interromps pas.

MADAME SURIN (à part).

Je suis confondue!

CLÉMENCE.

Ah! ma pauvre jolie robe!... je l'avais brodée avec tant de soins!

TOUTES.

C'est une action indigne!...

CÉCILE.

Il faut trouver le coupable et en faire justice.

MADEMOISELLE VALENTINE.

Oui, certes, il en faut faire justice ; mais le coupable ou plutôt la coupable est parmi vous.

TOUTES.

Nous!... mademoiselle?

MADEMOISELLE VALENTINE.

Pardonnez-moi, mesdemoiselles, je n'ai pas voulu vous désigner, non plus que mes nièces les demoiselles Darvin ; cette petite vengeance atroce a été commise en particulier, à l'ombre du foyer domestique. Venez ici, Adèle.

ADÈLE.

Me voici, ma tante.

MADEMOISELLE VALENTINE.

N'avez-vous pas un aveu à faire ?

ADÈLE.

Moi ?

MADEMOISELLE VALENTINE.

Oui, vous.

ADÈLE.

Un aveu ?

MADEMOISELLE VALENTINE.

On dirait que vous ne me comprenez pas; c'est vous qui avez coupé la robe.

ADÈLE.

Oh ! ma tante, pourriez-vous le croire ?

TOUTES.

Elle en est incapable.

MADAME SURIN.

Ma sœur !...

MADEMOISELLE VALENTINE.

Mesdemoiselles, et toi, ma sœur, je suis surprise autant que vous, et peut-être plus affligée encore, d'être obligée de soupçonner cette enfant; mais on n'en peut accuser personne autre.

ADÈLE.

Ma tante, ma tante... ce n'est pas moi.

MADEMOISELLE VALENTINE.

D'abord il est évident que la jalousie seule a pu porter un être raisonnable à déchirer ainsi, pour l'unique plaisir de la perdre, une robe travaillée avec tant de soins et destinée à faire à une sœur la plus agréable surprise. Or, je vous le demande, qui peut être jaloux de Laure, hormis Clémence et Adèle? Si Clémence était jalouse, elle n'aurait certes pas pris tant de peine pour broder une robe qu'elle voulait détruire; Adèle seule peut donc être coupable.

TOUTES.

Oh! oh!...

ADÈLE (pleurant).

Ma petite tante, je vous assure que ce n'est pas moi.

MADEMOISELLE VALENTINE.

Voulez-vous d'autres preuves? Cette chaise, ici, près de la corbeille, portait l'empreinte d'un soulier, preuve irrécusable que la coupable n'était pas assez haute pour atteindre à la corbeille.

ADÈLE.

Hélas! mon Dieu!... ce n'est pas moi pourtant.

MADEMOISELLE VALENTINE.

Mariette va vous enfermer dans votre chambre jusqu'à ce que nous ayons décidé le genre de punition que vous devez subir. Allez, mademoiselle.

ADÈLE.

Ma tante, ma tante, ce n'est pas moi!

LAURE (se levant précipitamment).

Non, ce n'est pas elle; la vraie coupable, la voici. (Elle se jette à genoux.) C'est moi qui suis une jalouse, un méchant cœur, c'est moi qui ai détruit, de mes propres mains, l'ouvrage que ma bonne Clémence avait tant soigné pour moi.

TOUTES.

Toi!... elle!...

CLÉMENCE.

Toi, Laure?... Mais dans quel but?

LAURE.

Hélas! je me figurais que maman ne m'aimait pas, que cette robe, que ces belles choses t'étaient destinées... J'ai été emportée par un mouvement de colère ; tu en vois les suites!... Ah! punissez-moi, maman, ma tante, punissez-moi, je meurs de confusion et de repentir.

MADAME SURIN.

Malheureuse enfant! douter de l'affection de ta mère!

LAURE.

J'en suis bien cruellement punie! Ah! ma chère maman, ma bonne tante, ma Clémence, pouvez-vous me regarder sans horreur? Et toi, ma petite Adèle, me pardonneras-tu jamais les pleurs que tu viens de répandre?

CLÉMENCE (l'embrassant).

Grâce à Dieu, tu nous es rendue.

ADÈLE.

Relève-toi, Laurette, va, maman te pardonne. Je savais bien, du reste, que ce n'était pas moi.

LAURE.

Hélas! je suis indigne de pardon.

MADEMOISELLE VALENTINE.

Il est vrai, ma pauvre Laure; mais le cœur d'une mère est un trésor de miséricorde et d'indulgence.

LAURE (d'une voix suppliante).

Maman !

MADAME SURIN

Que de chagrin tu me causes !

TOUTES.

Grâce, madame, grâce

FANCHON.

Un petit peu de bonté, not' dame.

CLÉMENCE.

D'ailleurs le mal n'est pas aussi grand que je le croyais; une journée d'ouvrière, et il n'y paraîtra plus.

FANCHON.

V'là ce qui s'appelle parler ! Dès que ça n'est que ça, vaut pas la peine de se fâcher.

MADEMOISELLE VALENTINE.

Je me joins à ces demoiselles pour te demander grâce, ma sœur; crois-le bien, le doigt de Dieu est là-dedans; il a lui-même arraché des yeux de la pauvre Laure le fatal bandeau qui l'aveuglait et lui a montré la jalousie, artisan de sa propre ruine, creusant de ses mains l'abîme où elle doit s'engloutir; la leçon lui sera propice. Laissons donc de côté tout reproche. (Aux jeunes demoiselles.) Vous, mes jeunes amies, vous n'étiez venues qu'à une soirée, vous allez assister au retour de l'enfant prodigue, cherchant enfin, après de longues années, un refuge dans le cœur de sa mère.

MADAME SURIN (ouvrant ses bras à Laure qui s'y précipite).

Oui, réjouissons-nous, mes enfants, réjouissons-nous. Elle était perdue et elle est retrouvée ; elle était morte et elle est ressuscitée.

LAURE.

O maman !... ô mes sœurs !...

FIN DE LA JALOUSIE.

Paris — Typographie nouvelle. — Vrayet de Surcy, rue de Sèvres, 37

LES BOHÉMIENNES

ou

LA RECONNAISSANCE.

PERSONNAGES.

La comtesse de Latour, riche veuve.
La marquise de Saint-Omer, son amie.

Hélène,
Eveline,   } ses nièces.
Francia,

Mademoiselle Célinie, institutrice.
Madame Ribolet, femme de charge.

Judith,
Élisabeth, } bohémiennes.

Eva,
Anina,   } filles d'Élisabeth.
Alizia,

Zoé, femme de chambre de la comtesse.
Marie, petite orpheline.
Annette, fille du jardinier.

Nota. — Cette pièce est arrangée pour qu'on puisse à volonté supprimer le premier acte sans nuire à l'effet général.

LES BOHÉMIENNES

ou

LA RECONNAISSANCE

COMÉDIE EN TROIS ACTES.

ACTE PREMIER.

La scène représente une pauvre chaumière; une porte à gauche ouvre sur un petit jardin, une autre à droite ouvre sur le grand chemin.

Scène première.

EVA, ALIZIA.

EVA.

Tu n'y es pas encore à saluer avec grâce; recommence.

ALIZIA.

Il me semble pourtant que cela n'est pas mal.

EVA.

Tu as l'air d'une chevrière qui escalade une haie; recommence, te dis-je.

ALIZIA (saluant).

Cette fois, j'y suis.

EVA.

C'est mieux; mais ce n'est pas encore tout à fait bien.

ALIZIA.

Avec du temps, on finira par en savoir aussi long que les autres, et, comme dit la vieille Judith, le monde n'a pas été bâti en un jour.

EVA.

Bah! est-ce que la vieille Judith a vu comment on l'a bâti.

ALIZIA.

Elle est plus vieille qu'on ne le pense!

EVA.

Le monde l'est encore davantage; et d'ailleurs le monde n'a pas été bâti.

ALIZIA.

Il s'est donc fait tout seul?

EVA.

Que tu es sotte! est-ce que le monde n'a pas toujours été?

ALIZIA.

Toujours?...

EVA.

Oui, toujours.

ALIZIA.

Mais la veille?

EVA.

La veille de quoi?

ALIZIA.

La veille... la veille de toujours.

EVA.

La veille de toujours !... qu'est-ce que ça veut dire, ça ?

ALIZIA.

Là..... tu me comprends..... la veille du jour où le monde a commencé.

EVA.

Est-ce que cela me regarde ? Je n'y étais pas, moi.

ALIZIA.

Je suis sûre que la vieille Judith le sait.

EVA (d'un ton moqueur).

Elle y était peut-être ?

ALIZIA.

Tu crois ?

EVA.

Oh ! la sotte !

ALIZIA.

Sotte !..... tant que tu voudras ; elle est plus vieille qu'on ne le pense.

EVA.

Elle existait sans aucun doute la veille de toujours... comme tu dis.

ALIZIA.

Dame !...

EVA.

Mais, ma pauvre Alizia, tu perds la tête ; s'il n'y avait point de terre, alors où aurait-elle donc été placée ?

ALIZIA.

C'est égal ; il me semble que la veille de toujours, il devait y avoir quelqu'un !... là quelqu'un...

EVA.

La vieille Judith ?

ALIZIA.

Je ne dis pas la vieille Judith, je dis quelqu'un.

EVA.

Ce sont les rêvasseries d'Anina que tu me répètes.

ALIZIA.

Anina n'est pas tant sotte, va ; si tu l'entendais quand nous nous promenons bras dessus bras dessous le long de la rivière..; Ah ! me dit-elle, crois-tu, Alizia, que cette eau coule toute seule, que ces plantes poussent toutes seules, que le soleil et les étoiles ont choisi eux-mêmes leur route ?... Et mille autres choses dont je ne me souviens plus et qu'elle dit bien mieux que moi.

EVA

De quoi s'occupe-t-elle, est-ce que ce sont ses affaires ? Elle ferait mieux d'apprendre à chanter afin de gagner de l'argent ; c'est l'essentiel cela, et toi, Alizia, en avant.

ALIZIA (d'un ton pleureur).

Mes bonnes dames... mes bonnes demoiselles...

EVA.

Fi donc ! tu as l'air d'un aveugle qui demande la charité. Écoute. (D'un ton plus assuré). Mesdames, mesdemoiselles... on a soin d'ajouter le titre, si les gens sont titrés ; M. le comte, madame la baronne, et ainsi de suite.

ALIZIA (imitant le ton d'Eva).

Mesdames, mesdemoiselles.. .. Hein ! n'est-ce point

parfait?... Oh! je ferai merveille avec ma nouvelle chanson. (Elle chante).

> Moi, je n'ai ni toit, ni patrie,
> Pas un ami, pas un parent;
> Je chante, on m'écoute, on m'oublie,
> J'en fais autant.
> Je naquis dans une bruyère,
> La charité fut mon soutien ;
> De mes chants, le mince salaire
> Est tout mon bien.
> Mais j'ai pour héritage
> La paix et le bonheur,
> Mes chants et mon courage
> Et la gaîté du cœur.
> Ah! ah! ah!...

Scène II.

EVA, ALIZIA, ANINA.

ANINA (entrant précipitamment et sans voir ses sœurs).

Voilà, voilà, mère, la cruche pleine d'eau... Ah! elle n'est donc plus ici?

EVA.

Non. Que lui veux-tu ?

ANINA.

Je voulais lui demander quelques pièces de linge pour les aller blanchir.

EVA.

C'est l'ouvrage de la mère ; pourquoi te noircir les mains ?

ANINA.

La mère a bien assez d'ouvrage sans celui-là.

EVA.

Sans doute ; mais au lieu de t'amuser à raccommoder et à blanchir ces vieux chiffons, tu ferais mieux de gagner de l'argent pour les remplacer par de jolis vêtements bien neufs. (Anina fait un geste de découragement). Plaît-il?... est-ce que le métier ne te va plus ?

ANINA.

Hélas !

ALIZIA.

Je me suis exercée avec Eva pendant toute la matinée ; je fais merveille, va ; des sauts de cette hauteur et des saluts admirables. (Elle saute en chantant).

> Moi j'ai pour héritage
> La paix et le bonheur,
> Mes chants et mon courage,
> Et la gaîté du cœur,
> Ah ! ah ! ah !,..

EVA.

Alizia a raison ; il faut savoir prendre le temps comme il vient ; tout le monde ne peut pas naître princesse, et toi qui as une jolie voix, tu gagnerais beaucoup si tu voulais t'en donner la peine.

ANINA.

Ah ! je le voudrais bien, mais...

EVA.

Mais quoi ?

ANINA.

Depuis que nous sommes grandes, je n'ose plus ni chanter ni tendre la main...

ALIZIA.

Tu n'oses plus ?

EVA.

C'est la vieille Judith qui t'endoctrine.

ANINA.

Non, la vieille Judith ne m'endoctrine pas; bien loin de chercher à me nuire, elle m'encourage de tout son pouvoir; mais ses encouragements ne peuvent m'empêcher de comparer notre sort à celui des autres jeunes filles de notre âge.

EVA.

Nous ne sommes pas riches, c'est vrai !

ANINA.

Ce n'est pas la fortune que je regrette; et le travail ne me fait pas peur.

ALIZIA.

Qu'éprouves-tu donc alors ?

ANINA.

Je ne sais, il me semble que j'aimerais une existence simple et modeste s'écoulant sans bruit entre la mère, la vieille Judith et vous ; je voudrais avoir une habitation fixe, des travaux journaliers... Que vous dirais-je encore ? le temps de voir les beaux jours revenir où la neige couvre la terre, le temps de semer des fleurs et e les voir éclore avant le départ

EVA.

Que veux-tu, ma pauvre Anina, il faut savoir se soumettre à sa destinée ; puisque la nôtre est ainsi...

ALIZIA.

D'ailleurs, en chantant bien, nous pouvons amasser de l'argent, devenir riches, acheter un château comme celui de madame la comtesse de Latour...

EVA (riant).

Les châteaux se gagnent comme cela...

ANINA.

Et puis qui nous assure que nous en serions plus heureuses? Qui nous assure que le bonheur habite plutôt les riches demeures que les toits couverts de chaume ?

ÉVA.

C'est égal, si l'on me donnait à choisir...

ALIZIA.

Je n'hésiterais pas.

ANINA.

Qui sait ?...

ÉVA.

Tu es une originale, toi, tu penses toujours à l'envers de tout le monde.

ANINA.

Non, pas de tout le monde, Eva ; il y avait hier, en un endroit, quelqu'un qui disait la même chose.

ÉVA.

Qui donc ?

ANINA.

Ah ! que j'ai regretté que vous ne fussiez pas avec moi.

ALIZIA.

Où donc étais-tu ?

ÉVA.

Parle donc.

ANINA.

C'était hier soir ; la vieille Judith m'avait fait chanter, au moins vingt fois sur ma guitare, cette romance nouvelle qu'elle m'apprend ; lorsqu'elle me permit de sortir vous n'étiez plus là ; je me mis à me promener toute seule le long du sentier.

ALIZIA.

Bon... ensuite?

ANINA.

Vous savez quelle belle soirée il faisait ; toute la campagne était noyée dans une clarté douce qui réjouissait le cœur ; je me dirigeai vers le village, sous les noyers, et j'écoutais le murmure des feuilles que le vent poussait l'une contre l'autre, le sifflement des merles dans la ramée et le bruit des troupeaux qui rentraient à l'étable. C'était si doux à entendre que j'ai été bien loin sans m'en apercevoir ; je me trouvais heureuse de ne plus être avec la bande dont les cris et les querelles portaient la terreur dans l'âme... Oh ! le mauvais temps.

ÉVA.

Tu as raison ; et la vieille Judith a bien fait de décider la mère à laisser ces vilaines gens-là.

ANINA.

Comme j'allais toujours, j'entendis tout à coup des

voix nombreuses qui chantaient ; je me mis à les écouter, et pour mieux les entendre, j'approchais, j'approchais ; enfin je me trouvai devant une église : c'était là qu'on chantait. Je n'osais entrer ; mais je m'assis sur la première marche.

ALIZIA.

Crois-tu qu'on t'aurait chassée si tu étais entrée ?

ANINA.

J'étais là depuis un instant, lorsqu'une jeune demoiselle vint à passer ; je me rangeai pour lui faire place. « Mon enfant, me dit-elle, pourquoi n'entrez-vous pas ? — Je n'ose, répondis-je. — Il faut toujours oser entrer là, reprit-elle, c'est la maison du bon Dieu. » Je suis entrée alors. Ah ! que c'était beau ! que c'était beau !...

ÉVA ET ALIZIA.

Voyons.

ANINA.

Je vous ai dit que des voix chantaient : c'étaient de jeunes enfants ; j'écoutais de toutes mes oreilles. Tout à coup un prêtre s'est avancé.

ÉVA ET ALIZIA.

Un prêtre ?

ANINA.

Oui. Il a parlé longtemps. Oh ! si vous aviez été là !

TOUTES DEUX.

Que disait-il ?

ANINA.

Je ne puis guère vous le redire ; mais ce sont des

choses qui m'ont rendu l'âme si contente que j'en ai rêvé toute la nuit.

ÉVA.

Mais encore ?

ANINA.

Qu'il y avait dans le paradis... un lieu de bonheur et de délices... un Dieu bien bon qui nous a donné la vie, qui veille sur nous, qui aime autant le plus petit d'entre les hommes que le plus riche et le plus grand.

ÉVA.

Vrai ?

ANINA.

Vous qui souffrez la faim, la soif, disait-il, vous qui êtes mal vêtus pendant les rigueurs de l'hiver, vous que le monde injurie, foule aux pieds, allez à Dieu et il vous soulagera.

ÉVA.

C'est au moins consolant pour nous.

ANINA.

Cela s'appelle un catéchisme. Le prêtre, ensuite, a demandé à ces enfants qui l'entouraient des choses merveilleuses, des choses extraordinaires. Tous savaient répondre. C'était un délice que de les entendre.

ALIZIA.

Que leur demandait-il donc ?

ANINA.

Il leur demandait qui a fait le ciel, la terre, les étoiles, les mers, les forêts.

ALIZIA.

Et ces enfants disaient ?...

ANINA.

Que c'était Dieu.

ÉVA.

C'est bien joli tout cela; retourne donc entendre le prêtre et tu nous rediras ses paroles.

ANINA.

Venez-y plutôt avec moi, ce soir.

ALIZIA.

Oui; mais si la vieille Judith dit : En route..... Tu sais que nous ne restons pas quatre jours de suite dans le même village..

ANINA.

Hélas! aussi nous ne savons rien, pauvres enfants que nous sommes.

ÉVA.

C'est vrai que nous sommes d'une ignorance!... Si l'on s'arrêtait au moins une huitaine de jours ici, nous pourrions retourner vers le prêtre et apprendre encore bien des choses.

ANINA.

Il nous disait qu'il fallait parler à Dieu, lui demander tout ce dont nous avions besoin, le prier, en un mot. Moi, pauvre créature, je sentais que là je n'étais pas étrangère, puisque le bon Dieu est le père de tout le monde; je me suis mise à genoux, comme les autres, et je lui ai dit tout bas : Mon Dieu, je ne sais pas comment on vous invoque; mais faites-moi la grâce de revenir encore ici, entendre parler de vous.

ÉVA.

Si nous ne partons pas avant demain, il faudra que tu nous y conduises.

ANINA.

Je ne demande pas mieux.

ALIZIA.

Et ces chants dont tu nous parlais, en as-tu retenu quelque chose?

ANINA.

Peu de chose.

ÉVA.

Mais encore?

ANINA (elle chante).

Ecoutez :

> Vous que j'abandonne à l'outrage,
> Dont la coupe est pleine de fiel,
> Reprenez, reprenez courage,
> Vos pleurs sont comptés dans le ciel.
> Sur mes élus, dans les tempêtes,
> Tournez les yeux, réglez vos pas ;
> Les fleurs qui couronnent leurs têtes
> Germent aux douleurs d'ici-bas.

Scène III.

Les mêmes, MADEMOISELLE CÉLINIE, FRANCIA, MARIE.

MADEMOISELLE CÉLINIE.

N'est-ce pas ici la maison des bohémiennes?

ÉVA.

Si fait, mademoiselle ; qu'est-ce qu'il y a pour votre service ?

ANINA (à part à Alizia).

Alizia, c'est la personne qui m'a fait entrer hier à l'église.

MADEMOISELLE CÉLINIE.

On m'a dit, mes enfants, que vous chantiez bien et que vous saviez faire divers tours d'adresse assez amusants ; je viens m'en informer auprès de vous?

ANINA.

Nous savons..... peu de chose; mais si vous voulez bien mettre nos talents à l'épreuve, nous tâcherons de vous contenter.

ÉVA (à part).

Nous savons ce qu'on nous a montré ; et ce qu'on nous a montré nous le montrons pour de l'argent.

ALIZIA.

S'il ne s'agit que de chanter.

FRANCIA (à demi-voix).

Quel mauvais genre ont ces petites ! (A mademoiselle Célinie). Est-ce que vous tenez à les entendre ?

MADEMOISELLE CÉLINIE.

Elles m'intéressent.

MARIE.

Elles paraissent si gentilles ! Faites-les donc chanter.

FRANCIA.

Ah ! Dieu !... Hélène et Éveline ont été bien inspirées de passer outre avec ma tante et la marquise.

ANINA.

Si j'osais, mesdames, vous prier de vous asseoir.

FRANCIA.

Sans aucun doute nous allons faire salon dans cette masure.

MADEMOISELLE CÉLINIE.

Vous pouviez remercier cette jeune fille, sans répondre à sa politesse par une grossièreté.

FRANCIA.

J'ai peu l'habitude d'une pareille société.

MADEMOISELLE CÉLINIE.

Il faut toujours parler avec politesse, ma chère Francia, c'est le langage de toutes les sociétés.

MARIE.

D'ailleurs, moi, je les trouve fort bien.

FRANCIA.

Oh ! vous !

MADEMOISELLE CÉLINIE.

Eh bien ! mes enfants, nous allons mettre à profit votre bonne volonté ; chantez-nous quelque chose.

(Les petites bohémiennes chantent).

MADEMOISELLE CÉLINIE.

C'est bien ; mais, dites-moi, mon enfant, n'est-ce pas vous que j'ai trouvée hier à la porte de l'église ?

ANINA.

C'est moi-même, mademoiselle.

MADEMOISELLE CÉLINIE.

J'ai veillé sur vous pendant le catéchisme et j'ai été

satisfaite de votre tenue ; continuez à être sage, le bon Dieu vous viendra en aide.

ANINA.

Nous en avons bien besoin.

MADEMOISELLE CÉLINIE.

Vous êtes donc bien pauvres?

ÉVA.

Dame ! nos revenus sont au bout de notre langue.

MADEMOISELLE CÉLINIE.

Ecoutez, je parlerai de vous à une personne charitable, madame la comtesse de Latour, chez laquelle j'ai l'honneur d'être institutrice, et je puis vous assurer que sa bienfaisance ne vous oubliera pas.

MARIE.

Oh ! non certes, elle est si bonne, c'est la mère des pauvres.

FRANCIA.

Partons-nous enfin ?

MADEMOISELLE CÉLINIE.

Un moment, s'il vous plaît. Ces dames sont allées jusqu'au moulin du père Gilles, elle ne repasseront pas avant dix minutes ; nous avons le temps.

FRANCIA.

C'est possible ; mais comme je suis venue ici pour me promener et non pour faire de longues visites, vous permettez..... (Elle va pour sortir).

MADEMOISELLE CÉLINIE.

Je vous en prie, Francia, ne sortez pas sans moi. (Aux

petites bohémiennes). Votre mère, mes enfants, n'est-elle pas ici?

ÉVA.

Elle est à quelques pas, mademoiselle ; si vous le désirez nous allons l'appeler.

ALIZIA.

En trois sauts, j'y serai.

FRANCIA.

Et moi, mademoiselle, je vous préviens que je n'attends pas un instant de plus (elle sort)

MADEMOISELLE CÉLINIE.

C'est donc à moi de céder. Vous le voyez, mes bonnes amies, je ne puis pas attendre ; mais comptez que je vais parler de vous à madame la comtesse aussitôt que je l'aurai rejointe. (Elle met une pièce de monnaie dans la main d'Anina et sort, les jeunes filles l'accompagnent).

Scène VI.

ÉLISABETH (entrant par la porte de gauche), ÉVA, ANINA, ALIZIA.

ÉLISABETH.

Eh bien, eh bien..... il me semblait que la maison était pleine et je ne trouve personne. Holà! où êtes vous donc, Éva, Anina, Alizia!

LES TROIS JEUNES FILLES.

Nous voici.

ÉLISABETH.

D'où venez-vous?

ANINA.

Mère, c'est une belle demoiselle qui sort d'ici.

ÉVA.

Si tu disais trois.

ANINA.

Elles étaient trois en effet; mais il y en a une qui n'a presque rien dit et l'autre qui n'a dit que.....

ALIZIA.

Des impertinences.

ÉLISABETH.

Est-ce qu'il faut faire attention à cela.

ANINA.

La plus âgée nous a fait chanter; ensuite elle nous a donné cette pièce d'argent et s'en est allée en promettant de nous recommander à la dame du château.

ÉLISABETH.

Tant mieux; nous avons besoin qu'on nous protège depuis que la vieille Judith nous a amenées dans ce pays où nous vivons à grand'peine.

ANINA.

Le bon Dieu nous viendra en aide.

ÉLISABETH (avec distraction).

Comment dis-tu?

ALIZIA.

Le bon Dieu, mère, le bon Dieu, un homme bien riche.....

ÉVA.

Oh! par exemple, un homme!...

ALIZIA..

Je voulais dire un Monsieur bien riche qui.....

ANINA.

Non, *monsieur* n'est pas encore le mot. Je ne me rappelle pas bien le terme... c'est...là... quelqu'un qui n'a point de couleur, point de forme, quelqu'un qui est invisible et si bon, si bon, que les larmes en viennent aux yeux rien que d'y songer.

ÉLISABETH (à part).

Toujours la même!... Cette enfant-là ne ressemble pas à nous autres. (A Anina) Qui t'a appris tout cela?

ÉVA.

C'est au catéchisme. Sais-tu, mère, ce que c'est qu'un catéchisme?

ÉLISABETH.

D'où veux-tu que je le sache? j'en ai bien entendu parler par-ci par-là ; mais je n'ai guère eu le temps de m'en occuper.

ÉVA.

C'est un endroit où l'on apprend de jolies choses, va ; demande à Anina?

ANINA.

Oui, mère; si tu le veux, nous y retournerons et nous te dirons ce que nous y aurons appris. Vois-tu, hier soir, quand le prêtre nous parlait de la bonté de Dieu, j'étais heureuse surtout à cause de toi : — Pauvre mère, pensais-je, elle nous soigne avec tant d'amour, elle travaille avec tant d'ardeur pour nous nourrir; Dieu ne peut moins faire que de la récompenser.

ÉLISABETH.

Puisses-tu dire vrai ; mais hélas ! qui sait ce qu'il arrivera demain ?... Mes ressources sont épuisées depuis longtemps, celles de la vieille Judith ne nous mèneront pas loin ; il faut travailler mes filles, il faut gagner de l'argent si nous ne voulons pas mourir de faim.

ÉVA.

Nous ferons tout ce que nous pourrons.

ÉLISABETH.

Éva, et toi Alizia, vous irez chanter demain à la fête du prochain village ; il faut espérer que vous y glanerez quelques sous. Quand à toi, Anina, la vieille Judith prétend qu'il faut bien se donner garde de t'envoyer avec tes sœurs, tant que nous serons dans ce pays ; tu resteras à la maison.

ANINA.

Mais pourquoi la vieille Judith ?...

ÉLISABETH (tristement).

Je suppose qu'elle a ses raisons.

ALIZIA.

Anina chante si bien !

ÉLISABETH.

J'en conviens; mais la vieille Judith ne parle pas à la légère.

ALIZIA (d'un air mystérieux).

On la dit à moitié sorcière.

ÉVA.

Pourquoi pas tout à fait.

ÉLISABETH.

La vieille Judith est une bonne femme, voilà ce que je sais; sans elle que deviendrions nous?..... Mais le temps s'écoule; allez dans la chambre voisine, mes enfants, et mettez en ordre vos effets.

ALIZIA.

Anina viendra-t-elle au château?

ÉLISABETH.

D'abord vous n'y êtes pas engagées.

ÉVA.

Nous le serons certainement.

ÉLISABETH.

Nous verrons alors.

ALIZIA (chantant).
 C'est demain fête au village,
 Mère, allons, que craignez-vous;
 J'irai chanter sous l'ombrage,
 On me jettera des sous.
  Des sous, des sous,
 O, mère, allons consolez-vous.

(Elle l'embrasse et court rejoindre ses sœurs).

Scène V.

ÉLISABETH (seule). (Elle s'assied tristement sur le côté de la scène et se met à réfléchir).

Pauvres enfants! elles rient, elles chantent, elles dansent et s'amusent comme si la misère, la misère affreuse, ne frappait pas à notre porte. Heureux âge!... pourquoi troublerai-je par mes pressentiments leur insoucieuse gaîté!... hélas! tout dans la nature à été sagement ordonné; c'est une folie, pour ne pas dire une mauvaise idée, que de souhaiter aux enfants une raison précoce. Chantez, mes pauvres filles, dansez amusez, vous!.. J'ai été folâtre comme vous l'êtes, vous deviendrez trop tôt malheureuse comme je le suis... Allons! secouons pour un instant les chagrins et les soucis, voici l'heure de préparer le diner... C'est facile à dire, avec quoi le préparer ; est-ce avec quelques deniers qu'on peut nourrir cinq personnes et il n'y a plus rien au logis, qu'un peu de pain pour les enfants. Ah! je le vois, j'ai fait une grande faute en me séparant de ma tribu; quoique sous le rapport de la société, elle soit peu regrettable, on y vivait au moins!... (Elle reste un instant accablée et s'écrie) Judith!... était-ce donc pour y périr de misère que vous nous ameniez en ces lieux!...

Scène VI.

ÉLISABETH, JUDITH.

JUDITH (tendant la tête par la porte de gauche).

Qu'est-ce qu'il y a? Est-ce que vous m'appelez?

ÉLISABETH.

Moi!... mais non, Judith.

JUDITH.

Vous avez prononcé mon nom.

ÉLISABETH (avec un soupir).

J'ai pu en effet prononcer votre nom; je pensais à notre tribu.

JUDITH (brusquement).

Toujours la même chose; cette tribu vous tient donc bien au cœur?

ÉLISABETH.

Ce n'est pas cela ; mais au moins on y connaissait du monde et l'on y était connue.

JUDITH.

Certes, les gens qu'on y connaissait, méritent bien d'être regrettés; je vous en fais mon compliment.

ÉLISABETH.

C'est vrai, Judith,... mais...

JUDITH.

Mais quoi ?

ÉLISABETH.

Hélas! Judith, je suis mère, le sort de mes pauvres filles...

JUDITH.

Comment ! c'est à cause de vos filles que vous avez regret d'avoir quitté ces gens-là ?

ÉLISABETH.

Quand on se voit à la veille de manquer de pain.

JUDITH.

Taisez-vous, taisez-vous, femme sans raison. qui pour procurer du pain à vos filles, consentiriez volontiers à sacrifier leurs âmes.

ÉLISABETH.

Hélas !

JUDITH.

Maintenant qu'elles sont grandes, n'aviez-vous pas tout à craindre de la contagion des mauvais exemples, vouliez vous les condamner à vivre, comme vous avez vécu vous-même, ignorant jusqu'aux plus simples notions touchant Dieu et la vie future?

ÉLISABETH.

Vous m'avez fait bien des fois rougir de mon ignorance, et vous voyez bien que pour en préserver mes filles, je n'ai pas hésité à suivre vos conseils ; mais comme je vous le disais, quand on se voit à la veille de manquer de tout...

JUDITH.

Ne saurez-vous donc un seul jour compter sur la Providence ; tenez, notre petite Anina a plus de foi que vous.

ÉLISABETH.

Anina n'est pas mère.

JUDITH.

Mais en revanche vous n'êtes plus une enfant.

ÉLISABETH.

Et c'est pour cela que l'avenir m'épouvante !... ah ! que n'ai-je l'insouciance du jeune âge !... (Elle se met à pleurer).

JUDITH.

Y pensez-vous, Élisabeth, comment vous pleurez !... Voyons... est-ce que vous n'avez plus confiance en moi ?

ÉLISABETH.

Si fait, Judith... mais...

JUDITH.

Eh bien ?

ÉLISABETH.

Les derniers temps de notre séjour parmi les bohémiens, vous étiez toujours à me dire que j'aurais du bonheur...

JUDITH.

Les derniers temps de notre séjour parmi les bohémiens... dites donc depuis dix ans, Élisabeth.

ÉLISABETH.

Vous avez raison. C'était le premier jour de notre rencontre, lorsque les débris de votre tribu rejoignirent la mienne, vous étiez déjà bien vieille.

JUDITH (à part).

Je le sais... (Elle s'assied et prend son ouvrage).

ÉLISABETH.

Il y avait parmi vous une jeune femme agonisante près de laquelle se mourait un enfant demi-nu.

JUDITH.

Hélas ! oui ; c'était la pauvre Delie.

ÉLISABETH.

Elle expira sur le soir ; on creusa sa fosse à l'endroit même où nos tentes étaient dressées et on l'y ensevelit.

JUDITH.

C'est tout simple ; on ne pouvait pas en faire des reliques.

ÉLISABETH.

Sur le bord de la tombe une femme parut, elle prit l'enfant et après nous avoir toutes regardées les unes après les autres, elle s'approcha de moi. Cette femme c'était vous.

JUDITH.

Et c'est de quoi vous devez remercier Dieu. Que vous ai-je dit alors ?

ÉLISABETH.

Vous m'avez dit, en me tendant la petite fille : prends cette enfant, aies en soin, aime-la comme ta fille, elle te portera bonheur.

JUDITH.

C'est cela même.

ÉLISABETH.

Jusqu'à présent je ne vois guère qu'elle m'ait porté bonheur ; je suis devenue veuve et j'ai vécu misérable avec un enfant de plus à ma charge : voilà tout le bonheur qu'elle m'a porté.

JUDITH.

Et que pouviez-vous attendre d'heureux, tant que vous étiez parmi les gens de votre tribu !

ÉLISABETH.

Longtemps vous m'avez laissée tranquille, m'aidant de votre bourse, il faut le reconnaître, mais ne prenant guère en pitié le mal que j'avais à nourrir troi enfants. Enfin, il y a cinq mois, vous m'avez dit: Il faut partir, j'ai hésité quelque temps, puis j'ai fini par céder, j'avais en vous une confiance sans bornes. Cependant nous voilà cinq à nourrir et il n'y a pas de pain au logis.

JUDITH (d'un air solennel).

Ecoutez-moi, Elisabeth, nous avons fait un marché sur la tombe de Delie ; vous vous êtes engagée à soigner Anina et vous avez religieusement tenu parole, 'ai promis qu'elle vous porterait bonheur, et ma promesse s'accomplira.

ÉLISABETH.

Pourvu qu'elle s'accomplisse bientôt...

JUDITH.

Patience, Elisabeth ; attendons l'occasion. Voyons, combien avez-vous encore dans votre bourse ?

ÉLISABETH (tirant quelques pièces de monnaie de sa poche).

Voilà tout. Un, deux, trois, quatre sous et la petite pièce d'argent que la demoiselle du château a donnée aux enfants.

JUDITH.

Avec cela, vous aurez du pain pour jusqu'à ce soir.

ÉLISABETH.

Non, car je dois dix sous au boulanger ; il voudra que je le paie.

JUDITH.

Voilà dix sous, payez le boulanger et demeurez tranquille ; avant que les dix neuf sous soient mangés, il y aura du nouveau ici.

ÉLISABETH.

Ah ! Judith, Judith !... que ne puis-je vous croire !

JUDITH.

Croyez-moi si vous voulez.

Scène VII.

ÉLISABETH, JUDITH, ÉVA, ANINA, ALIZIA.

ALIZIA (accourant).

Mère, oh mère... venez voir, venez voir...

ÉLISABETH.

Qu'y a-t-il donc ?

ÉVA.

Une dame qui vient de notre côté. (Elles continuent de regarder du côté du chemin).

ÉLISABETH (à part).

C'est peut-être la femme du boulanger.

ANINA (à part à Élisabeth).

Tu lui dois quelque chose, mère ? (Élisabeth fait signe que oui). Puisque je ne vais pas chanter à la fête, vends ma robe pour la payer ; je reprendrai la vieille de l'an passé, elle est encore très-jolie.

ÉLISABETH.

Non, ma chère fille, j'ai de quoi la payer.

ANINA.

Vrai ? (Elisabeth lui montre l'argent) Oh ! tant mieux, tant mieux, ma robe est neuve, elle sera une ressource pour plus tard. (A part). Il faut bien que je la ménage au moins.

ÉVA.

Mère, c'est une belle dame, son bonnet est chargé de rubans, elle vient à nous certainement; une jeune fille l'accompagne.

ÉLISABETH (regardant).

Qui cela peut-il être ?

JUDITH.

Que de mots pour rien ; est-ce que nous ne le verrons pas ?

ALIZIA (bas à sa mère).

Pour plaire à la vieille Judith, il faudrait ne jamais dire un seul mot.

ÉLISABETH.

Elle a raison. (Alizia tire Anina par sa robe).

ANINA.

Prends garde, tu vas déchirer ma robe.

Scène VIII.

LES MÊMES. MADAME RIBOLET, ANNETTE.

MADAME RIBOLET.

C'est ici chez les bohémiennes ?

ÉLISABETH.

Oui, madame, prêtes à vous servir.

MADAME RIBOLET.

Ouf ! c'est temps qu'on y arrive enfin, depuis tantôt une demi-heure qu'on marche par un soleil à se croire en *Ciracsie*, drôle d'idée qu'à eue madame !... je suis rendue, quoi !... (Elle s'essuie la figure et se donne de l'air avec son mouchoir). C'est pour vous dire que... Si je n'en prends pas la fièvre, il faudra que j'aie du onheur. (Repoussant Annette qui se presse contre elle).

Allons, mouton de Panurge, voulez-vous tout à fait m'étouffer !

ANNETTE.

Voi ! un peu plus à la douce, s'il vous plaît.

ÉLISABETH.

Si nous osions, madame, vous offrir de vous reposer. Éva, donne vite une chaise.

MADAME RIBOLET.

Ce ne serait pas de refus si j'en avais long à vous dire ; mais Dieu merci... ouf !... me faire *patauger* au soleil, depuis le parc jusqu'ici pour rien du tout... (A Annette qui s'est rapprochée d'elle). M'avez-vous entendue, mine de betterave ?

ANNETTE (à part).

Mieux vaut avoir une mine de betterave que de pois verts.

ÉVA (présentant une chaise).

Veuillez vous asseoir, madame, la chaleur est grande en effet.

MADAME RIBOLET (à part).

Pourquoi insistent-elles ?... des bohêmes... défions-nous. (Haut). Là, écoutez bien.

ÉLISABETH.

Alizia, ferme la porte, madame est entre deux airs.

MADAME RIBOLET.

Ce n'est pas utile. (à part). En veut-on à ma bourse ou à ma vie.

ANINA (présentant de nouveau la chaise).

Veuillez vous asseoir. (à part). Si elle nous apportait quelques secours !

ANNETTE.

Asseyez-vous donc, oui ou non, et qu'on en finisse.

MADAME RIBOLET (à part).

Qu'y a-t-il dans cette chaise ; c'est peut-être un piége. (Elle se retourne, examine la chaise dans tous les sens et la porte à l'autre bout du théâtre).

JUDITH.

Que de façons !

ÉLISABETH.

La chaise n'est pas belle ; mais elle est propre.

MADAME RIBOLET (à part).

Il n'y paraît rien d'extraordinaire ; mais enfin, comme dit le proverbe, méfiance est mère de sûreté. (Elle s'assied avec précaution, Éva, Anina et Alizia s'approchent d'elle, elle leur fait signe de se reculer). Pas si près, pas si près ; j'aime l'air, moi.

ÉLISABETH.

N'importunez point madame.

MADAME RIBOLET.

Je viens... (se retournant à demi), çà, ouvrez donc la porte.

ÉLISABETH.

Nous l'avions fermée pour éviter les courants d'air.

MADAME RIBOLET.

Chacun son goût ; j'aime l'air, moi.

ÉLISABETH.

Ouvre la porte, Anina.

MADAME RIBOLET.

Bon. (A part.) Me voici tranquille...

JUDITH (à part).

Que de paroles perdues !

MADAME RIBOLET.

Ce sont là vos trois filles ?

ÉLISABETH.

Vous voyez, madame.

MADAME RIBOLET.

Je viens de la part de madame la comtesse de Latour, dont j'ai l'honneur d'être la femme de charge... Vous m'entendez bien ?

ÉLISABETH.

Oui, madame.

MADAME RIBOLET (appuyant sur les mots).

Madame la comtesse de Latour.....

ÉLISABETH (s'inclinant).

Madame la comtesse de Latour.

MADAME RIBOLET.

Elle a entendu parler de vos filles par mademoiselle Célinie, son institutrice ou plutôt l'institutrice de ses nièces. Vous m'entendez bien, mademoiselle Célinie ?

ÉLISABETH.

Mademoiselle Célinie : Dieu la récompense. Qu'est-ce qu'elle a donc dit de mes filles à madame la comtesse ?

MADAME RIBOLET.

D'abord il faut que vous sachiez que mademoiselle Célinie est une si bonne personne que nos demoiselles lui en font de toutes les couleurs ; pauvre demoiselle Célinie !... un loup passerait qui lui tirerait son chapeau, elle serait dans le cas de le prendre pour un agneau.

JUDITH (à part).

Merci de la comparaison.

ÉLISABETH.

Et vous dites que mademoiselle Célinie a parlé de mes filles à madame la comtesse?

MADAME RIBOLET.

Mon Dieu oui; et madame la comtesse, qui a aussi des idées...... assez *concaves*..... a voulu les voir.

LES TROIS JEUNES FILLES.

Nous?

MADAME RIBOLET.

Oui, vous, péronnelles!... Cette nécessité de crier toutes à la fois! Madame m'a envoyée vers vous pour vous dire qu'elle vous attendait à onze heures précises, au château.

ÉLISABETH.

Nous sommes...

JUDITH (l'interrompant).

Vous direz à madame la comtesse que nous lui obéirons ponctuellement et que sa bienfaisance sera rémunérée par celui qui ne laisse pas ici bas un verre d'eau sans récompense.

MADAME RIBOLET (se levant).

Sa bienfaisance, sa bienfaisance... allons Annette!

ANNETTE.

Faites-les donc chanter; Marie dit qu'elles chantent si bien.

MADAME RIBOLET.

Allons donc, pie grièche, marchez. (Elisabeth les reconduit).

Scène IX.

JUDITH, ÉLISABETH, EVA, ANINA, ALIZIA.

ÉVA (en riant).

En voilà une qui est à peindre ; il me tardait qu'elle soit partie pour en rire tout à mon aise.

ALIZIA.

Moi, je voudrais bien savoir ce qu'elle trouvait d'extraordinaire dans sa chaise.

ÉVA.

Elle a raison de ne pas nous trouver à son goût ; elle est jolie.

ÉLISABETH (rentrant).

Chut, mes enfants, c'est un secours qui nous arrive, nous devons nous en réjouir.

ÉVA.

Si la comtesse est aussi maussade que sa femme de charge.

ALIZIA.

Est-ce que les loups ont des chapeaux dans ce pays ?

JUDITH.

Qu'on se taise ; Élisabeth a raison, cet ordre de la comtesse est une permission du Bon Dieu. (à part) Pauvres enfants, il va donc enfin vous donner les moyens de le connaître.

ÉLISABETH.

La comtesse ne peut moins faire que de nous donner une abondante aumône.

JUDITH.

Soyez sans crainte. Mais nous n'avons guère que le temps de nous préparer ; il sera bientôt onze heures.

ANINA.

Irai-je au château, Judith ?

JUDITH.

Oui, ma fille, oui, tu iras au château, je t'y accompagnerai moi-même, nous irons toutes.

ÉLISABETH.

Toutes, y pensez-vous, cinq personnes à la fois.

JUDITH.

Laissez-moi faire, j'ai mon projet. Anina, quand tu seras devant la comtesse, ou plutôt quand je te le dirai, tu chanteras la romance que je t'ai apprise l'autre jour. Éva et Alizia tâchez de modérer un peu vos langues. Vous, Élisabeth, reprenez courage, voilà l'instant où va s'accomplir la prédiction de la vieille Judith.

ÉLISABETH.

Vraiment !

ANINA.

Quoi donc ? que voulez-vous dire ?

JUDITH (étendant la main sur la tête d'Anina).

Oui, tu seras la bénédiction de ta famille adoptive ; le Seigneur nous a vraiment prises en pitié le jour où tu arrivée parmi nous.

ACTE II.

(Le théâtre représente un riche salon).

Scène première.

LA COMTESSE, LA MARQUISE, ZOÉ.

LA MARQUISE.

Cette promenade vous a fatiguée, chère amie ? j'espérais qu'elle vous procurerait un instant de distraction et voilà que vous semblez au contraire plus triste qu'auparavant.

LA COMTESSE.

Merci mille fois, amie trop bonne et trop sensible, quoique fatiguée je me sens mieux, et comme vous le dites beaucoup de distraction m'est nécessaire. Tenez, Zoé, emportez ceci. (Elle lui tend ses gants).

ZOÉ.

Ces dames veulent-elles se rafraîchir.

LA COMTESSE.

Merci.

ZOÉ.

Et madame la marquise ?

LA MARQUISE.

Je n'ai besoin de rien, Zoé, laissez-nous. (Zoé sort).

LA COMTESSE.

Que les prévenances de cette fille me fatiguent.

LA MARQUISE.

Ses intentions sont bonnes et je crois qu'elle vous est excessivement attachée.

LA COMTESSE.

Je le sais; mais, chère Eugénie, je ne me reconnais plus, mon caractère tourne à l'injustice.

LA MARQUISE.

Non, Cécile, mais le temps n'a pu cicatriser encore la blessure de votre cœur.

LA COMTESSE.

Et le caractère de mes nièces n'est pas propre à la cicatriser jamais... Sont-ce là les filles que j'ai choisies !

LA MARQUISE.

Ces jeunes personnes, sans doute, sont loin d'être parfaites ; mais qui n'a pas ses travers en ce monde.

LA COMTESSE.

Qu'appelez-vous travers, Eugénie ? l'orgueil personnifié dans Hélène, l'égoïsme dans Éveline et la plus sotte vanité dans Francia. Ah ! pourquoi me suis-je bercée de l'espoir de retrouver en elles un bonheur à jamais perdu.

LA MARQUISE.

Peut-être vous exagérez-vous leurs défauts ; et dans tous les cas ces enfants sont jeunes et peuvent se corriger.

LA COMTESSE.

Plus je les étudie, moins j'espère.

LA MARQUISE.

Vous avez tort. Quelque mauvaise qu'ait été leur

éducation primitive, il n'est rien qu'on ne puisse réparer avec du temps et de la persévérance.

LA COMTESSE.

Hélas ! quand le calme le plus absolu, les soins les plus minutieux peuvent seuls retarder de quelques jours l'anéantissement total de ma santé ébranlée, puis-je me consacrer à refaire une éducation commencée sous d'aussi fâcheux auspices ; faut-il que j'use les derniers restes de mes forces à entreprendre une tâche devant laquelle bien des mères reculeraient ? que me sont ces jeunes filles… des parentes éloignées qui m'eussent laissée dans ma solitude et ma douleur, si le bruit de ma fortune n'eût tenté leurs parents.

LA MARQUISE.

C'est l'éternel malheur des gens riches qui n'ont point d'héritiers directs, chère Cécile, c'est par conséquent un malheur dont on ne peut leur imputer la faute.

LA COMTESSE.

Que ne me le font-elles oublier en se conformant à mes goûts, en ménageant ma santé, en me témoignant de l'affection.

LA MARQUISE.

De l'affection, elles vous en témoignent.

LA COMTESSE.

Par leurs paroles ; mais cette affection n'est qu'une vapeur qui s'exhale avec le souffle des lèvres : les actions seules ont le droit de convaincre. Hélas ! il fut un temps où moi j'avais aussi une fille ! Pauvre Marguerite !...

LA MARQUISE.

Vous n'êtes pas raisonnable, Cécile, n'est-ce point un souvenir que vous m'avez promis de chasser?

LA COMTESSE.

Le puis-je, Eugénie, quand tout ce qui m'entoure l'éternise pour moi ?... ah ! croyez-le, ce souvenir ne me quitte jamais, ni le jour, ni la nuit; c'est lui qui me fait mourir. Le caractère fâcheux de mes nièces aggrave mon mal, la perte de mon enfant en est la source et le principe.

LA MARQUISE.

Si ces lieux vous rappellent trop vivement votre malheur, éloignez-vous de ces lieux ; ne soyez pas homicide de vous-même. Voulez-vous m'accompagner en Italie ?

LA COMTESSE.

Non, Eugénie, je resterai ici jusqu'à mon dernier jour. Ces lieux, l'habitude me les rend chers, le souvenir de ma fille me les rend sacrés. Pendant longtemps, j'y ai conservé une lueur d'espoir ; j'espérais que les misérables qui me l'ont ravie la rendraient à ma tendresse... Je m'étais trompée, les bêtes féroces ne rendent pas leur proie.

LA MARQUISE.

Cécile... écoutez-moi...

LA COMTESSE.

Peut-être maintenant, entraînée loin de son pays,

souffre-t-elle les horreurs de la misère, pendant que d'avides collatéraux se partagent en perspective la fortune de sa mère.

LA MARQUISE.

Songez que.....

LA COMTESSE.

Peut-être entraînée dans le mal par les funestes exemples de ceux qui l'entourent, ira-t-elle un jour grossir dans une prison le nombre de ces malheureux que la société repousse.....

LA MARQUISE.

Pourquoi votre imagination ne vous présente-t-elle que de sombres idées, puisqu'enfin le champ est ouvert à toutes les conjectures.

LA COMTESSE.

L'éducation fait l'homme, Eugénie, que peut-elle apprendre de ceux qui n'ont pas craint de la voler à sa mère? Le seul espoir qui me reste, c'est qu'elle soit morte jeune avant que la pureté de son âme ait eu le temps de se flétrir. Vous le savez, mon Dieu, c'est ma plus fervente prière; ah! que je la retrouve un jour dans votre sein.

LA MARQUISE (à part).

Elle se monte l'imagination! pauvre femme! tâchons de la distraire et non de la consoler. (Haut) Avez-vous envoyé chercher ces petites filles dont mademoiselle Célinie vous avait parlé?

LA COMTESSE

J'ai chargé madame Ribolet d'aller les prévenir.

LA MARQUISE.

Je vais m'en informer. (Elle sonne).

Scène II.

LA COMTESSE, LA MARQUISE, MADAME RIBOLET.

MADAME RIBOLET.

Est-ce moi que Madame demande?

LA MARQUISE.

C'est vous-même, madame Ribolet; vous avez reçu l'ordre d'aller prévenir les petites bohémiennes que madame la comtesse les attend?

MADAME RIBOLET.

Oui, Madame.

LA MARQUISE.

Avez-vous accompli cet ordre?

MADAME RIBOLET.

Le plus exactement du monde.

LA COMTESSE.

Vous avez-vu ces enfants?

MADAME RIBOLET.

Oui, Madame, de petits laiderons mal attifés, des femmes de mauvaise mine, une maison où peut-être jamais chrétien n'a mis le pied...

LA MARQUISE.

Oh! vous brodez, ma chère Ribolet.

MADAME RIBOLET.

Il s'en faut, Madame; un moment, voyez-vous, j'ai cru.....

LA MARQUISE.

Eh bien ?

MADAME RIBOLET.

Vous savez ma répugnance à fréquenter de pareilles gens; si ce n'eût été mon dévouement pour Madame, je n'aurais certainement pas été dans cette maison; mais enfin il faut savoir obéir.

LA COMTESSE.

Est-ce qu'il vous est arrivé quelque chose de désagréable?

MADAME RIBOLET.

Non pas grâce, à mon courage et à ma présence d'esprit.

LA MARQUISE.

Comment cela?

MADAME RIBOLET.

J'étais à peine entrée, que ces femmes se font des signes... des signes... puis tout à coup on m'offre une chaise qu'on a soin de placer dans un endroit où le plancher sonnait creux et on ferme la porte...

LA MARQUISE (souriant).

On avait sans aucun doute le dessein de vous égorger.

MADAME RIBOLET.

Je ne voudrais pas répondre que non ; mais rien de leurs manœuvres ne m'avait échappé, j'ai porté ma chaise ailleurs, j'ai fait rouvrir la porte et, ma fermeté les ayant intimidées j'ai pu leur transmettre vos ordres.

LA COMTESSE.

Il suffit, madame Ribolet ; vous pouvez vous retirer.

MADAME RIBOLET.

Est-ce que Madame a l'intention de les recevoir?

LA MARQUISE.

Pourquoi pas?

MADAME RIBOLET.

Ces gens là ont les doigts si longs!...

LA MARQUISE.

Nous veillerons de près.

MADAME RIBOLET.

Madame est certainement la maitresse; mais à sa place..... Enfin, chacun son idée..... (Elle sort).

LA COMTESSE.

Vous me conseillez donc de les recevoir ?

LA MARQUISE.

Oui, Cécile; mademoiselle Célinie, en qui j'ai plus confiance qu'en la pauvre Ribolet m'assure qu'elles sont dignes d'intérêt. D'ailleurs vous avez besoin qu'on cherche à vous distraire, et non pas qu'on vous enferme seule avec vos souvenirs. Recevez-les, votre cœur naturellement généreux trouvera dans les bienfaits que vous répandrez sa plus douce jouissance.

LA COMTESSE.

Vous avez raison, Eugénie, mais ne dites pas ma plus douce jouissance, dites le seul allègement à mes peines.

LA MARQUISE.

Courage et confiance.

LA COMTESSE.

Je suis lasse d'espérer.

LA MARQUISE.

Dieu n'a-t-il pas dit qu'il connaissait seul le temps et les moyens de nous secourir?

LA COMTESSE.

Ah! n'essayez pas de raviver mon cœur, laissez-le plutôt s'engourdir. (On entend du bruit derrière le théâtre) Qu'est cela?

LA MARQUISE.

Ce sont vos nièces, je crois.

LA COMTESSE.

Sortons, Eugénie, cédons-leur la place, je les verrai plus tard. (Elles sortent).

Scène III

MADEMOISELLE CÉLINIE, HÉLÈNE, ÉVELINE, FRANCIA, MARIE, MADAME RIBOLET, (entrant par la porte opposée).

MADAME RIBOLET (derrière le théâtre).

Celle-là ne peut se passer de la sorte ; et je veux en prendre Madame pour juge. (Paraissant sur le seuil). Eh mais..... Madame n'y est plus.

HÉLÈNE (d'un air dédaigneux).

Il est tout à fait fâcheux que ma tante ne s'y trouve pas, madame Ribolet, elle eût sans contredit donné tort à ma cousine.

MADAME RIBOLET.

Je le crois certes, qu'elle a tort !. Est-ce que la toilette de Mademoiselle n'est pas bonne pour rester à la chambre?... cette idée de s'habiller comme nu *harem* du sultan !

ÉVELINE (à part).

Que cette femme m'ennuie ! (Elle s'assied à l'extrême gauche et ouvre un cahier de musique).

FRANCIA.

Je suis certaine, moi, que ma tante vous eût dit au moins que cela ne vous regardait pas.

HÉLÈNE.

Vous vous trompez, Francia, ma tante vous eût donné tort.

FRANCIA.

Elle m'eût donné tort ?

HÉLÈNE.

On a toujours tort, Francia, lorsqu'on fait à certaines gens l'honneur de discuter avec eux.

FRANCIA.

C'est très-vrai ; mais je suis assez grande pour me gouverner moi-même. (Elle va pour sortir).

MADEMOISELLE CÉLINIE.

Je vous en prie, Francia, ne changez pas de toilette, cela mécontentera t Madame votre tante et serait tout à fait inutile : N'avons-nous pas toutes conservé nos toilettes du matin ?

HÉLÈNE (à demi voix).

Le *nous* est plaisant !

FRANCIA.

Je suis fâchée de vous contredire, Mademoiselle, mais

je changerai de toilette parce que cette robe ne me va pas et que d'ailleurs c'est mon idée

MADAME RIBOLET.

Si Madame était ici.

ÉVELINE.

Allez donc la chercher et nous laissez tranquille.

MADAME RIBOLET (à part).

Ah ! les vilaines jeunes personnes.

FRANCIA.

Sonnez Zoé, Marie.

MADEMOISELLE CÉLINIE.

Francia, Francia, je ne sais si je dois permettre.....

HÉLÈNE.

Eh, mademoiselle, vous êtes ici pour nous donner des leçons et non pas des permissions.

MADAME RIBOLET.

Comme si l'un allait sans l'autre.

MADEMOISELLE CÉLINIE.

Vous avez raison, Hélène. Eh bien, Francia, vous allez rester car je vais répéter avec vous la dernière leçon d'histoire.

FRANCIA.

Est-ce que cette leçon ne peut se remettre ?

MADEMOISELLE CÉLINIE.

Non, car Madame la comtesse a décidé que ce soir même l'une de vous en rendrait compte en sa présence.

HÉLÈNE.

Ce soir ?

MADEMOISELLE CÉLINIE.

Ce soir.

HÉLÈNE.

Le cas est urgent. Vous irez ensuite vous habiller, Francia, je ne sais pas au juste la fin de cette leçon, le plus pressé est de l'apprendre.

FRANCIA.

Comme si cette fastidieuse histoire pouvait nous être de quelque utilité dans le monde.

HÉLÈNE (d'un ton moqueur).

J'avoue qu'il serait plus agréable de parler modes.

FRANCIA.

Dépêchons nous alors ; je vous le déclare, mademoiselle, mon intention irrévocable est de changer de toilette avant le diner.

HÉLÈNE.

Votre envie de briller est singulière ; mais, s'il vous-plaît, nous prendrons notre temps.

FRANCIA.

Je ne m'explique guère l'intérêt que vous portez à cette foule de gens dont l'histoire a, pour nos péchés je crois, enregistré les prouesses.

HÉLÈNE.

Que voulez-vous, il n'est pas donné à tout le monde de comprendre l'intérêt qui s'attache aux plis d'un chiffon.

MADEMOISELLE CÉLINIE.

Commençons, Mesdemoiselles.

FRANCIA ET HÉLÈNE.

Nous y sommes.

MADEMOISELLE CÉLINIE.

Nous allons repasser seulement la fin de la dernière leçon ; c'est je crois ce que vous savez le moins.

HÉLÈNE.

Je vous prie, mademoiselle, de vouloir reprendre la leçon depuis le règne de Mahomet II.

FRANCIA.

Mon Dieu, n'est-ce point des Turcs que nous avons parlé la dernière fois ; pourquoi donc revenir toujours à la même chose.

HÉLÈNE.

Je vous en prie, Francia, n'interrompez point ; quand on parlera bagatelles, je vous céderai la parole. Ce que je n'ai pu coordonner clairement dans ma mémoire, c'est le mouvement intellectuel refluant vers les peuples occidentaux par l'émigration des savants byzantins, et préparant la renaissance.

MADEMOISELLE CÉLINIE.

Éveline, ne venez-vous pas écouter la leçon d'histoire?

ÉVELINE.

Non, mademoiselle, j'étudie ma dernière romance.

MADEMOISELLE CÉLINIE.

Vous l'étudierez une autre fois ; nous nous occupons d'histoire présentement.

ÉVELINE.

Ce n'est pas l'heure de la leçon d'histoire.

HÉLÈNE.

Il est vrai, mais je n'ai pu retenir certaines particularités de la dernière leçon.

ÉVELINE.

C'est possible ; mais comme ces particularités je les ai parfaitement retenues, rien ne m'oblige à les entendre de nouveau.

MADEMOISELLE CÉLINIE.

Vous ferez plaisir à votre cousine.

ÉVELINE.

Je serai charmée de lui faire plaisir, toutes les fois que cela ne nuira point à mes propres succès.

MADEMOISELLE CÉLINIE.

Songez Éveline que l'une de vous doit, ce soir, rendre compte de cette période de l'histoire, période certainement fort difficile.

ÉVELINE.

Je suis prête à en rendre compte, si c'est moi que l'on interroge.

HÉLÈNE.

Un peu de complaisance, Éveline, nous ne la savons pas, nous.

ÉVELINE.

J'en suis désolée ; mais il faut que j'apprenne la romance que je dois chanter à la prochaine soirée, chez madame Saint-Clair.

HÉLÈNE.

Vous avez quinze jours d'ici là.

ÉVELINE.

C'est fort exact ; mais pour le moment je n'ai rien de mieux à faire. (Elle va se placer au piano).

HÉLÈNE.

Je vous en prie, Éveline, laissez-moi étudier.

ÉVELINE.

Je vous fais la même prière, Hélène.

MADAME RIBOLET (à part).

Quel égoïsme !... oh ! les trois laides créatures ! (elle sort).

Scène V.

Les mêmes, moins MADAME RIBOLET.

HÉLÈNE.

Commencez toujours, mademoiselle.

FRANCIA.

Si nous attendons encore, la leçon ne finira pas avant le dîner.

MADEMOISELLE CÉLINIE.

Depuis longtemps déjà le trône des empereurs de Bysance croulait sous les efforts des sultans ; Amurat Ier, Bajazet... (Eveline prélude et commence à chanter une romance). Eveline, je vous prie de vous taire.

ÉVELINE.

Depuis quand, mademoiselle, étudie-t-on une romance sans la chanter.

MADEMOISELLE CÉLINIE.

Cela nous trouble.

ÉVELINE.

J'en suis fâchée ; mais je n'y puis que faire.

HÉLÈNE.

Ah ! si vous ne saviez pas la leçon.

ÉVELINE.

Il est probable que je ferais comme vous ; de même que si vous étiez à ma place, vous feriez comme moi. En ce monde, ma chère, chacun pour soi.

MADEMOISELLE CÉLINIE.

J'en préviendrai certainement madame votre tante.

ÉVELINE.

Vous êtes parfaitement libre ; seulement vous aurez, s'il vous plaît, la bonté de lui faire remarquer que l'heure de la leçon est passée depuis longtemps.

FRANCIA (à part).

Cela ne finit pas je vais m'habiller. (Elle sort).

MADEMOISELLE CÉLINIE.

Il est vrai, mademoiselle, la règle établie par moi-même, à mon entrée dans la maison, pour coordonner vos études, cette règle est pour vous ; mais une loi encore plus respectable parce que c'est Dieu lui-même qui l'a imposée, ordonne la douceur et la bienveillance dans les rapports sociaux.

ÉVELINE.

Mes rapports avec mes cousines n'ont jamais manqué de bienveillance ; et tout aussi bien qu'une autre je crois suivre les inspirations de ma conscience ; mais la douceur dans les rapports sociaux, comme vous dites, ne doit pas aller jusqu'au complet oubli de soi-même.

HÉLÈNE.

Vous raisonnez à merveille ; il est dommage cependant que la finesse de vos raisonnements, laisse percer de toutes parts l'égoïsme et la sécheresse du cœur.

ÉVELINE.

Je vous prie de me laisser tranquille. (Elle se remet à chanter).

HÉLÈNE.

Avec de semblables principes, les hommes n'auraient plus qu'à chercher leurs anciens abris des forêts.

ÉVELINE.

Ce qui serait assurément très-fâcheux, parce que les femmes à grands talents ne trouveraient plus, dans une société sauvage, des admirateurs compétents.

HÉLÈNE.

Mais ce qui arrangerait parfaitement ces êtres égoïstes qui meurent lorsqu'un éloge ne se rapporte pas à eux.

ÉVELINE.

Si c'est moi que vous craignez de voir mourir de jalousie, vous pouvez être rassurée ; je ne suis pas encore malade.

MADEMOISELLE CÉLINIE.

Eh ! mesdemoiselles, cette altercation n'est-elle pas souverainement déplacée entre vous ; songez que la même affection vous a appelées dans ce château, que le même cœur maternel vous y soigne et que vous devriez vous y montrer unies comme des sœurs.

ÉVELINE.

Je n'ai point provoqué mademoiselle de Latour; on m'attaque, je réponds. (Elle se remet à son piano).

HÉLÈNE.

Ah ! si j'étais la maîtresse ici !... (Elle ouvre un livre et s'assied à l'autre bout du théâtre).

MADEMOISELLE CÉLINIE.

Viens, Marie, mon ange, lisons ensemble le joli livre que madame la comtesse t'a donné. (Elles se retirent au fond du théâtre. Francia rentre un miroir à la main et se place sur le devant de la scène).

FRANCIA.

Bon ! l'insipide leçon d'histoire est tout à fait abandonnée. Ah ! la triste chose que l'étude !... (Elle arrange sa coiffure). J'ai toujours entendu dire qu'un peu de toilette rendait plus aimable et je suis complètement de cet avis. Le rose sied bien à ma figure, mes cheveux sont d'un si beau noir... (Elle regarde tout autour d'elle pour s'assurer que personne ne l'entend). Je suis vraiment fort bien et, dès que je serai hors de cet affreux manoir, je ne doute pas de mes succès dans le monde... ah ! certes, si j'avais la moitié des sommes énormes que ma tante distribue çà et là à des gens qui pourraient aussi bien travailler que mendier, je voudrais donner le ton à la province... quatre vingt mille livres de rentes !... mettons-en de côté dix mille pour Hélène et Eveline, qu'on ne peut laisser dans...

HÉLÈNE.

Un peu plus bas, Francia, je vous avertis que l'on vous entend.

FRANCIA (un peu confuse).

Je ne dis... pas de mal.

HÉLÈNE.

Non, certes ; vous raisonnez même fort juste, avec quatre-vingt mille francs de rentes ou soixante-dix mille, puisque vous daignez en distraire dix mille pour Éveline et moi, on peut se procurer les plus beaux chiffons du monde. L'essentiel est de savoir si toutes ces jolies choses sont dans les goûts de ma tante et si elle vous nommera son héritière universelle.

FRANCIA.

Vous supposez sans doute qu'elle vous donnera la préférence, à vous.

HÉLÈNE.

Je ne dis pas cela ; je dis seulement qu'il est parfois ridicule de calculer tout haut.

ÉVELINE.

Et de disposer à l'avance d'une fortune qui peut très-bien vous échapper.

FRANCIA.

Pourquoi m'échapperait-elle ; n'en ferais-je pas de cette fortune un aussi bon usage que vous ?

ÉVELINE.

Dites donc un aussi brillant usage ; je vois déjà le château se remplir d'une avalanche de bagatelles.

FRANCIA.

Mais vous qui parlez tant, ne feriez-vous pas de même ?

ÉVELINE.

Ah ! de grâce.

FRANCIA.

Le choix de ma tante prouvera...

HÉLÈNE.

Jugez mieux ma tante ; elle disposera certainement de sa fortune en faveur de gens sensés, protégeant les sciences, les arts, soutenant le faible, l'opprimé, donnant asile...

ÉVELINE.

Ah ! ah ! ah !... Résumez, chère Hélène, résumez ; si vous étiez l'héritière, vous protégeriez les gens capables de vous faire au loin une renommée colossale, vous voudriez trôner. C'est une idée fort noble ; mais ma tante est trop modeste pour faire de sa maison un donjon féodal.

HÉLÈNE (avec une colère contenue).

Veuillez donc nous apprendre quel est le plus noble emploi qu'un être raisonnable puisse faire de sa fortune.

ÉVELINE.

Moi... mais d'abord, je ne donne pas dans les grands mots, au lieu d'un être raisonnable, mettons, s'il vous plaît, une riche héritière... Ensuite, sans me piquer d'une vertu antique, je dirai tout simplement que si j'héritais de cette bicoque et de ce domaine à demi-sauvage, je le vendrais bien vite pour aller à Paris vivre le mieux que je pourrais.

(Elles se séparent, Eveline retourne à son piano, Hélène à son livre, Francia se met de nouveau à ranger sa coiffure devant son miroir et toutes trois disent ensemble :)

HÉLÈNE.

Quelle vanité et quel égoïsme !...

28

ÉVELINE.

Quel orgueil et quelle vanité.

FRANCIA.

Quel égoïsme et quel orgueil.

MADEMOISELLE CÉLINIE (à part dans le fond du théâtre).

Quelle vanité ! quel orgueil et quel égoïsme.

Scène VI

LES MÊMES, ZOÉ.

ZOÉ.

Mesdemoiselles, les petites chanteuses que madame la comtesse a fait venir pour vous amuser, sont en bas ; faut-il les faire monter ?

HÉLÈNE.

Quel plaisir ma tante veut-elle que nous trouvions dans une pareille société ?

MADEMOISELLE CÉLINIE.

Madame la comtesse a cru vous faire plaisir en vous fournissant l'occasion de leur faire du bien.

ÉVELINE (à part).

Merci, nous ne sommes pas les trésorières de ma tante, pour répandre ses aumônes.

FRANCIA.

Est-ce du bon ton, d'ailleurs, de recevoir de pareilles gens ?

ZOÉ.

Madame la comtesse m'a chargée de vous les annoncer, Mesdemoiselles, son intention est, je présume, qu'elles soient admises en votre présence.

HÉLÈNE.

Pourquoi pas dans notre société.

MADEMOISELLE CÉLINIE.

Les ordres de madame la comtesse sont sacrés pour ses nièces, Zoé, faites monter les petites chanteuses.

Scène VII.

LES MÊMES, EVA, ANINA, ALIZIA. (Elles entrent d'un air timide et se tiennent au fond du théâtre).

EVA.

J'ai l'honneur de vous saluer, mesdemoiselles.

MADEMOISELLE CÉLINIE.

Approchez, mes chères enfants, approchez sans crainte. Ainsi que je vous l'avais promis, je vous ai recommandées à madame la comtesse, et sa charité s'est empressée de vous venir en aide.

ANINA.

Nous vous devons beaucoup de reconnaissance, Mademoiselle.

MADEMOISELLE CÉLINIE.

Avez-vous prévenu Madame la comtesse, Zoé?

ZOÉ.

C'est madame Ribolet qui s'est chargée de l'avertir. (Elle sort).

MADEMOISELLE CÉLINIE.

Bien. Y a-t-il longtemps que vous êtes en ce pays ?

EVA.

Trois jours seulement.

MADEMOISELLE CÉLINIE.

Et vous venez de loin ?

ALIZIA.

Nous ne nous sommes guère arrêtées sur la terre; depuis notre plus tendre enfance nous voyageons.

HÉLÈNE (à part).

Quelle vie.

MARIE.

J'aime beaucoup les voyages, moi.

ANINA.

Hélas! ils ne sont guère agréables lorsqu'on les fait comme nous; et surtout lorsqu'on se sent grandir sans pouvoir sortir d'une ignorance d'autant plus triste qu'on la comprend mieux.

MADEMOISELLE CÉLINIE.

Vous savez peu de chose ?

ALZIA.

Hormis chanter......

MADEMOISELLE CÉLINIE.

Eh bien si vous le voulez, chantez-nous quelque chose en attendant madame la comtesse.

EVA.

Avec grand plaisir (Les trois bohémiennes se consultent du regard et commencent une romance; mais au même instant Eveline joue sur son piano un air très-vif, les jeunes filles s'arrêtent).

ANINA.

Je vous prie de vouloir bien nous pardonner, mademoiselle ; mais...

EVA.

L'air que joue Mademoiselle nous empêche de continuer.

MADEMOISSLLE CÉLINIE.

Veuillez cesser un instant, Eveline.

ÉVELINE.

Je vais, certes, bien me déranger pour des chansons de bohémiennes. (Elle continue de jouer (1)).

MADEMOISELLE CÉLINIE.

Vous le voyez, mes enfants, ce n'est pas la bonne volonté qui nous manque ; attendons l'arrivée de madame de Latour.

Scène VIII.

LES MÊMES, LA COMTESSE, LA MARQUISE, MADAME RIBOLET.

MADAME RIBOLET (derrière le théâtre).

Elles sont là auprès de mademoiselle Célinie, comme j'ai déjà eu l'honneur de le dire à Madame.

---

(1) Si l'on ne pouvait placer un piano sur la scène, Eveline aurait à la main un cahier de musique et chanterait au lieu de toucher).

LA COMTESSE (en entrant).

Les voici. Leur air m'intéresse ; est-ce vous qui chantiez il n'y a qu'un instant?

ANINA.

C'était nous, oui Madame.

HELÈNE (approchant un fauteuil).

Veuillez vous asseoir, ma tante.

FRANCIA (avançant un autre fauteuil).

Et vous, madame la marquise.

LA MARQUISE.

Grand merci, ma chère Francia.

LA COMTESSE.

Vous avez donc changé de costume, Francia?

FRANCIA (un peu embarrassée).

Je n'ai pas osé me présenter devant vous à dîner dans une toilette du matin.

LA COMTESSE.

Pourquoi cela, ma chère amie, ne sommes-nous pas en famille ; cette seconde toilette est inutile pour ne pas dire ridicule. La véritable parure d'une jeune fille, c'est la modestie ; tâchez de vous en souvenir, Francia (aux bohémiennes). Approchez, mes enfants, vous paraissez tremblantes, rassurez-vous. Voyons, on m'a dit que vous aviez bien besoin de secours. (Les jeunes filles baissent les yeux sans répondre).

MADAME RIBOLET.

Voyez si elles répondront; les voilà muettes comme des momies du temps de *Pharamond*.

LA MARQUISE.

C'est qu'elles n'osent pas; (Prenant la main d'Anina): réponds-moi, mon enfant, est-ce que tu nous trouves l'air bien terrible ?

ANINA.

Ce n'est point cela, Madame.

EVA.

Votre accueil est au contraire bien propre à nous rassurer; mais....

ALIZIA.

Nous ne sommes point habituées.......

HÉLÈNE.

A être reçu dans les châteaux, cela se comprend.

LA COMTESSE.

Est-ce que tu trouves que j'ai tort de les recevoir.

HÉLÈNE.

Il ne m'appartient pas de juger vos actes.

LA COMTESSE.

Assurément; et ces enfants sont assez intéressantes pour qu'un bon cœur compâtisse à leur dénuement. Quelle est votre patrie, mes chères petites?

ANINA.

Hélas! Madame, nous n'avons point de patrie : notre vie, dès le premier jour, n'a été qu'un long voyage à travers les peuples ; et, comme la feuille desséchée que les vents emportent, nul ne se souvient de nous aux lieux où nous avons passé.

LA COMTESSE.

Et vos parents ?

EVA.

Notre père est mort il y a bien longtemps; et, sans l'assistance de la vieille Judith, notre mère ne pourrait nous donner chaque jour le morceau de pain nécessaire à notre existence.

LA COMTESSE.

Au moins est-elle bonne pour vous, votre mère, vous n'avez pas à vous plaindre de ses mauvais traitements ?

ANINA.

Elle!... Oh! oui elle est bonne, pauvre mère!... bien loin de nous maltraiter quand les aumônes ont été rares, ses caresses nous consolent et nous rendent l'espoir.

LA MARQUISE.

Ainsi vous n'avez jamais connu le doux plaisir d'avoir des amis.

EVA.

Des amis, Madame, nous en avons et de sincères; ne sommes-nous pas trois à nous aimer et à aimer notre mère, sans parler de la vieille Judith...

LA MARQUISE.

A ce compte, vous ne voudriez pas vous séparer.

TOUTES TROIS.

Nous séparer !

LA COMTESSE.

Oui. Si l'on vous offrait la fortune, par exemple, pour prix de l'une de vous.

TOUTES TROIS (se rapprochant l'une de l'autre).

Oh! madame!... les sœurs ne se vendent pas.

ÉVELINE (à part).

Quelle comédie sentimentale !

LA COMTESSE (à la marquise).

Je ne saurais dire combien ces enfants m'intéressent ni qu'elle émotion mon cœur éprouve en leur présence. Ah ! chère amie, qu'elles sont heureuses au prix de moi, pour qui mon château est un désert.

MADEMOISELLE CÉLINIE.

Je suis certaine, Madame, que leurs chants vous feront plaisir à entendre.

LA COMTESSE.

Assurément.

MADEMOISELLE CÉLINIE.

Allons, mes enfants. (Les petites bohémiennes chantent).

Scène IX.

LES MÊMES, ZOÉ.

ZOÉ.

Il y a en bas deux femmes qui demandent à parler à madame la comtesse.

LA MARQUISE.

Qui sont ces femmes ?

ZOÉ.

Elles sont arrivées avec les petites bohémiennes ; c'est je crois leur mère et leur aïeule.

ALIZIA.

Ce n'est pas notre aïeule, c'est la vieille Judith.

LA COMTESSE.

Que me veulent-elles?

ZOÉ.

Je l'ignore. La plus vieille réclame impérieusement la faveur d'être admise auprès de Madame; il semble même qu'elle ait quelque chose d'important à lui révéler.

LA COMTESSE.

Voilà qui est singulier, qu'elles entrent, Zoé.

Scène X.

LES MÊMES, JUDITH, ÉLISABETH.

LA COMTESSE.

Vous avez désiré me voir, mes bonnes femmes, approchez, me voici.

JUDITH.

Il y a longtemps, madame la comtesse, bien longtemps, que sur le bruit de vos vertus, j'attendais avec impatience le jour où il me serait enfin permis de vous parler.

ÉVELINE (à part).

Quelle compagnie!... c'est de mieux en mieux.

LA COMTESSE (en souriant).

Vous pouviez venir plus tôt; je ne suis pas si grand seigneur qu'il faille postuler l'honneur d'être admis en ma présence; que me voulez-vous?

JUDITH.

C'est un dette bien ancienne que je viens acquitter envers vous, Madame, mais une dette sacrée. Vous souvenez-vous de cette vieille femme qui allait mourir de misère sur la route d'Orléans, si vous n'étiez venue à son secours.

LA COMTESSE.

Je m'en souviens. (à la marquise) Hélas! c'était la vieille du jour funeste ou Marguerite me fut enlevée.

JUDITH.

Cette femme c'était moi, Madame ; depuis ce jour, j'ai souhaité avec ardeur de pouvoir m'acquitter envers vous.

LA COMTESSE.

Vous ne me devez rien ; c'est le devoir de tout être sensible que de soulager ses semblables.

JUDITH.

Sans contredit; mais une femme jeune et brillante qui, sans crainte de gâter une riche toilette, s'expose pendant une heure à une pluie froide et à des torrents de boue pour secourir une vieille mendiante inconnue qu'elle pouvait tout aussi bien laisser aux soins de ses valets, une telle femme, dis-je, est au-dessus de la vertu vulgaire. Me serait-il permis de parler à Madame en particulier.

LA COMTESSE.

(A part) Que veut-elle me dire? (Haut) Mon amie est-elle de trop ?

JUDITH.

Point de tout, Madame, les personnes que vous admettez dans votre intimité peuvent très-bien demeurer.

LA COMTESSE.

Cette femme m'étonne! mademoiselle Célinie, veuillez emmener ces demoiselles ; allez aussi, madame Ribolet.

Scène XI.

LA COMTESSE, LA MARQUISE, JUDITH, ELISABETH.

LA COMTESSE.

Vous pouvez parler maintenant.

JUDITH.

Je ne suis qu'une pauvre ignorante, Madame, cependant je sais qu'une voix divine a proclamé autrefois qu'un verre d'eau ne demeurait pas sans récompense.

LA COMTESSE.

Eh bien.

JUDITH.

Vous avez versé beaucoup de larmes, Madame ; puisse celui qui a donné au monde cette sainte maxime en tarir bientôt la source.

LA COMTESSE.

Hélas! la source en est intarissable.

JUDITH.

Le bien qu'on fait à autrui est rendu au centuple ;

vous aviez autrefois une fille sur qui reposaient toutes vos espérances?

LA COMTESSE.

Quels souvenirs évoquez vous!

JUDITH.

Depuis qu'elle vous a été enlevée le bonheur a disparu de votre foyer...

LA COMTESSE.

Hélas!...

LA MARQUISE.

Prenez garde, bonne femme, vous déchirez un cœur déjà bien profondément blessé.

JUDITH.

Je le sais, Madame, aussi ne le ferais-je pas, si je n'avais à expliquer à Madame la proposition que je vais lui faire.

LA COMTESSE.

Quelle proposition?

JUDITH.

Voici une mère chargée de trois enfants; la seconde est un ange de douceur, voulez-vous l'adopter à la place de celle que vous avez perdue?

LA COMTESSE.

Adopter une de ses filles!.... vous n'y pensez pas.

ÉLISABETH.

Ah! Madame... croyez....

LA COMTESSE.

Vous me cèderiez une de vos filles, vous ne les aimez donc pas.

ÉLISABETH.

Je les chéris.

JUDITH.

Elles sont dignes de sa tendresse, et je puis vous répondre qu'elle les aime bien tendrement; mais vous êtes seule, désolée...

LA MARQUISE.

Vous ignorez sans doute que mon amie a auprès d'elle trois de ses nièces.

JUDITH.

Madame la comtesse agira à l'égard de mesdemoiselles ses nièces selon ce que son cœur lui dira.

LA COMTESSE.

Mais il est incroyable que, sans avoir pour cela quelques raisons particulières, vous veniez ainsi m'offrir une de vos filles.

JUDITH.

Cette enfant, madame, est un trésor ; seule elle peut sécher vos larmes, daignez la voir.

LA COMTESSE.

Je les ai vues, elles sont intéressantes; mais de l'intérêt à l'adoption...

JUDITH.

Voyez de plus près celle que je vous offre.

LA COMTESSE.

Il est inutile, je ne puis l'adopter.

JUDITH.

Madame ne s'engage à rien en la voyant; si, après avoir vue de près, elle persévère dans son refus, la plus petite aumône nous rendra contentes.

LA COMTESSE.

Qu'a-t-elle donc d'extraordinaire?

LA MARQUISE.

Voyons-là. (Elle sonne).

ZOÉ (en entrant).

Que demande madame?

JUDITH.

Madame veut voir la petite Anina. (Zoé sort).

LA COMTESSE. (se parlant à elle-même).

Cette femme renouvelle pour moi le souvenir de l'événement terrible qui me sépara de mon enfant!... c'était deux jours après l'avoir secourue...

JUDITH.

Dieu peut en un instant changer les larmes en joie.

LA COMTESSE.

Ah! jamais une étrangère, fut-elle parfaite, ne peut combler le vide immense que la perte de son unique enfant fait au cœur d'une mère?

Scène XII.

LES MÊMES. ANINA.

JUDITH.

Approche, ma fille.

ANINA.

Me voici, Judith.

JUDITH.

Regardez-la, Madame.

LA COMTESSE.

Viens, mon enfant, là, plus près... quel air doux! (à la marquise), comment la trouvez-vous?

LA MARQUISE.

Charmante!

LA COMTESSE.

Elle a les yeux bleus! hélas! ma pauvre Marguerite les avait bleus aussi.

ANINA (à part).

Marguerite!

LA COMTESSE.

M'aimerais-tu?

ANINA.

Oh! oui; vous paraissez si bonne.

LA COMTESSE (à la marquise).

Cette scène me jette dans un grand trouble; il me semble que cette enfant ne m'est pas inconnue; chère Eugénie, j'ai besoin de me remettre un peu. (Elle s'appuie au bras de la marquise et fait quelques tours dans le fond du théâtre. Elisabeth essuie ses yeux).

ANINA.

Mère, qu'as-tu?

ELISABETH.

Rien.

ANINA.

Ce nom de Marguerite... qui donc s'appelait ainsi dans la tribu?

JUDITH.

Personne.

ANINA,

Ce nom, je l'ai entendu quelque part!... mère est-ce que nous sommes déjà venues en ce pays ?

ELISABETH.

Jamais.

ANINA (à part).

Ce qui m'entoure pourtant ne m'est pas inconnu.

JUDITH.

Chut! ces dames reviennent à nous.

ANINA.

Emmène-moi, mère, je ne sais ce que j'éprouve. (Elle se jette dans les bras d'Elisabeth).

LA COMTESSE.

Qu'a-t-elle?

ÉISABETH.

Elle pleure.

JUDITH.

C'est la timidité ; allons, Anina, relève la tête et chante une chanson à Madame.

ANINA.

Je ne puis.

LA MARQUISE.

Pourquoi?... (Anina ne répond rien).

JUDITH.

Songe à ta mère et à tes sœurs, Madame peut leur venir en aide, chante.

ANINA.

Oui, Judith, je ferai ce que je pourrai. (Elle essuie ses yeux, prend sa guitare et chante).

Salut beau ciel de ma patrie,
Après dix ans, je te revois enfin,
Salut, vallon, salut verte prairie
Qu'inonde à flots le rayon du matin !

J'ai reconnu le sommet des montagnes,
Leur souvenir était vivant en moi,
J'ai reconnu mes petites compagnes
Et le vieux temple où j'ai puisé la foi ;
J'ai reconnu le toit de ma chaumière,
Lui qu'en exil j'ai si longtemps rêvé,
Dis-moi, mon Dieu, quand j'ai tout retrouvé,
Me rendras-tu les baisers de ma mère !.....

LA COMTESSE.

Cette voix, par sa douceur, pénètre d'un charme secret toutes les fibres de mon être.

JUDITH.

Ne voulez-vous rien faire pour elle ?

LA COMTESSE.

Si, pauvre enfant, je ferai quelque chose pour toi !

LA MARQUISE.

Une abondante aumône.

LA COMTESSE.

Ce n'est pas assez.

LA MARQUISE.

Placez-la dans quelque maison respectable où elle pourra s'instruire et apprendre à travailler.

LA COMTESSE.

J'hésite !...

LA MARQUISE.

Voudriez-vous l'adopter ?

LA COMTESSE.

Je n'ose! (à Elisabeth) vous êtes sa mère?

ELISABETH.

J'en ai pour elle tous les sentiments.

JUDITH.

Elisabeth n'est point sa mère, Madame, la pauvre enfant est orpheline.

LA COMTESSE.

Et sa mère, quelle était-elle?

JUDITH.

Elle se nommait Délie, nous l'avons vue expirer sous nos yeux.

LA COMTESSE.

Orpheline et si intéressante!... Qu'en dites-vous, Eugénie... mais ne précipitons rien... une pareille affaire mérite qu'on y réfléchisse, nous verrons ce soir.

JUDITH.

Souvenez-vous de cette maxime, Madame : un bienfait ne demeure jamais sans récompense.

ACTE III.

Scène première.

LA COMTESSE, LA MARQUISE, ZOÉ.

LA COMTESSE (à Zoé).

Vous m'avez comprise, Zoé, allez et exécutez ponctuellement mes ordres.

ZOÉ.

Oui, Madame. (Zoé sort).

LA MARQUISE (entrant).

Je vous retrouve enfin.

LA COMTESSE.

Me cherchiez-vous ?

LA MARQUISE.

Depuis une heure. D'où venez-vous? Vous paraissez toute changée.

LA COMTESSE.

Il est vrai, chère Eugénie, et j'ai peine à me reconnaître moi-même. Les paroles de cette vieille femme, sa singulière proposition et plus encore la voix de l'enfant, son visage, ses larmes, ont jeté dans mon cœur une émotion inexplicable. Ah! que sa mère est heureuse.

LA MARQUISE.

On vous l'offre, adoptez-la.

LA COMTESSE.

L'adopter c'est beaucoup! sans doute je ferai quelque chose pour elle, il me serait absolument impossible de l'oublier maintenant; mais j'ai des ménagements à garder envers ma famille.

LA MARQUISE.

Je suis loin de vous conseiller, chère amie, de rompre avec votre famille; une rupture, lors même qu'elle est motivée, est toujours chose fâcheuse; mais vous ne vous êtes pas engagée, en prenant vos nièces, à leur laisser votre fortune sans en rien distraire, et mesdemoiselles de Latour auraient d'autant plus de tort d'y compter que l'incertitude où vous êtes touchant le sort de Marguerite, laisse encore le champ libre à l'espoir de la retrouver.

LA COMTESSE.

Que me conseillez-vous donc?

LA MARQUISE.

Vous avez besoin d'une distraction puissante, vous avez besoin qu'un cœur aimant vous fasse oublier votre solitude, vous vous sentez, dites-vous, invinciblement attirée vers cette petite fille, gardez-la près de vous, et donnez-lui place parmi vos nièces, ces filles de votre affection.

LA COMTESSE.

Je vous l'ai dit, je n'ose.

LA MARQUISE.

C'est une faiblesse; car mesdemoiselles de Latour...

LA COMTESSE.

Mesdemoiselles de Latour, je ne pense pas à elles.

LA MARQUISE.

Expliquez-vous.

LA COMTESSE.

Cette enfant répondra-t-elle à ma tendresse, sera-t-elle digne de mes bienfaits?

LA MARQUISE.

Son air candide, la céleste expression de son regard préviennent en sa faveur.

LA COMTESSE.

Oui sans doute, mais la raison peut-elle admettre que

cette pauvre petite créature ait vécu parmi des misérables, rebuts de l'espèce humaine, sans être aucunement influencée par leurs funestes exemples.

LA MARQUISE.

Celui que Dieu garde est bien gardé.

LA COMTESSE.

Prête à lui ouvrir mes bras, j'ai reculé, tremblant de découvrir en elle ou l'impiété de sa race, ou l'orgueil produit par un si soudain changement de position..... Que sais-je encore ; l'insolence envers mes nièces et les gens de ma maison, l'ingratitude envers moi-même..... ou envers sa mère adoptive...

LA MARQUISE.

Eprouvez-là.

LA COMTESSE.

Et comment? j'ai promis aux deux bohémiennes de me décider ce soir.

LA MARQUISE.

Rien de plus simple ; entrez dans ce cabinet d'où vous pourrez entendre tout ce qui se passera dans cette chambre, je vais la faire venir et donner le mot à quelques personnes, ce soir vous pourrez la juger. Si elle est digne de cette affection que vous vous sentez pour elle, adoptez-la sans arrière pensée, si elle se montre trop indigne de vos bienfaits, renvoyez-la sans regrets.

LA COMTESSE.

Je m'abandonne à vous, Eugénie, tous les événements de cette journée m'ont jetée dans une agitation que je ne puis exprimer ; soyez mon guide. Et vous, mon Dieu, si vous avez pris en pitié mon délaissement, si vous m'envoyez enfin le cœur aimant et pur qui doit me faire supporter la perte de ma pauvre Marguerite, éclairez-moi, afin que je la reçoive de votre main avec joie et reconnaissance. (La comtesse entre dans le cabinet, la marquise sonne).

Scène II.

LA MARQUISE, ZOÉ.

LA MARQUISE.

Faisons-la venir et que l'épreuve soit concluante.

ZOÉ, (en entrant).

Que désire, Madame?

LA MARQUISE.

Mademoiselle Anina est-elle prête?

ZOÉ.

Oui, Madame, j'ai exécuté les ordres de madame la Comtesse.

LA MARQUISE.

Envoyez-la moi. (Zoé sort). Et d'abord étudions cette pauvre petite âme ignorante sous le rapport religieux; la religion est le sceau du cœur. Sans doute elle n'a pu suivre jusqu'ici que les secrètes intuitions de sa conscience; mais l'essentiel est de savoir si elle a déversé du côté du bien ou du côté du mal. (Elle va vers le cabinet). Entendez-vous bien, Cécile?

LA COMTESSE (depuis le cabinet).

Très-bien.

Scène III.

LA MARQUISE, ANINA (vêtue avec élégance).

ANINA (timidement).

Zoé m'a dit que vous me demandiez, Madame.

LA MARQUISE.

Approchez, mon enfant, (elle lui prend la main) vous voilà tout à fait charmante; cette toilette vous plaît-elle, ne désirez-vous pas autre chose?

ANINA.

Les bontés de madame la comtesse ne me laissent rien à désirer, Madame.

LA MARQUISE.

Vous êtes-vous regardée dans une glace au moins? Avez-vous jugé vous-même du changement de votre position?

ANINA.

Zoé m'a dit que j'étais selon les intentions de madame la comtesse, je me connais peu en toilette.

LA MARQUISE.

C'est beaucoup de discrétion; néanmoins, mon ange, retenez bien ceci : mon amie est fort riche, vous lui avez plu, elle veut faire pour votre bonheur tout ce qui lui sera possible, si vous souhaitez quelque chose, vous n'avez qu'à parler.

ANINA.

Je ne souhaite rien, Madame.

LA MARQUISE.

Rien encore... allons cela viendra peut-être. Je vais vous laisser, ma chère enfant, agissez sans crainte, ne vous laissez intimider ni par ces demoiselles ni par les domestiques, ces derniers sont ici pour vous servir.

ANINA.

Moi !

LA MARQUISE.

Elle ne peut revenir de son étonnement. Oui, chère Anina, vous serez ici comme chez votre véritable mère, pourvu que vous travailliez à mériter les bontés de la comtesse. Voici un livre qui contient la parole de Dieu, c'est le premier livre que vous devez étudier.

ANINA.

Je ne sais pas lire.

LA MARQUISE.

On vous l'apprendra. Prenez toujours ce livre, il est simple, c'est le livre qui se trouve dans toute habitation chrétienne, qu'elle soit couverte de chaume ou de lambris dorés. Le monde a des écrits plus pompeux, il n'en a pas de plus sublimes. Vous trouverez dans ce petit volume des vérités devant lesquelles croule la sagesse humaine, et les éléments de la doctrine divine qui a régénéré l'univers.

ANINA (prenant le livre).

Comment appelez-vous ce livre merveilleux? Madame.

LA MARQUISE.

Il s'appelle le catéchisme.

ANINA (joyeuse).

Le catéchisme!...

LA MARQUISE.

Je vais envoyer près de vous Mademoiselle Célinie, profitez de ses leçons.

Scène IV.

ANINA (seule).

Où suis-je ?... tout ce qui m'entoure rappelle à mon esprit des souvenirs... confus... mais qui font battre mon cœur d'une émotion délicieuse!... J'ai vu déjà, j'ai vu ces meubles, ces tentures, ces tableaux!... Les montagnes elles-mêmes ne me sont pas inconnues!... (Elle réfléchit). Mais d'où peut venir un pareil changement dans ma destinée... Livre divin, je vais donc enfin pouvoir étudier les vérités que tu renfermes!... ah sois l'objet de mes plus chères études!... (Elle chante).

Comme la fleur qu'un jour brûlant voit naître,
Soupire après la nuit et la fraicheur,
Mon âme ainsi désirait vous connaître
Et se fanait loin de vous, ô seigneur.
A mon esprit donnez l'intelligence,
Ouvrez mon cœur à votre sainte loi,
J'ai mis en vous toute mon espérance,
Seigneur, mon Dieu, révélez-vous à moi.

Scène V.

ANINA, MADEMOISELLE CÉLINIE.

MADEMOISELLE CÉLINIE.

Je viens, Anina, vous féliciter sur l'heureux événement qui vous donne une protectrice riche et puissante et vous fournit les moyens de cultiver les heureuses dispositions dont la nature vous a douée. C'est moi qui suis chargée par madame la comtesse de vous aplanir les premières difficultés des études, jusqu'à ce qu'elle ait pris à votre égard une décision définitive.

ANINA.

Vous trouverez en moi, Mademoiselle, une élève soumise ; je ferai tous mes efforts pour rendre votre tâche moins pénible.

MADEMOISELLE CÉLINIE.

Ma tâche ne saurait être pénible, avec les heureuses dispositions...

ANINA.

Hélas! Mademoiselle, ne vous abusez pas, je ne suis qu'une pauvre enfant ignorante.

MADEMOISELLE CÉLINIE.

Cette ignorance cessera bien vite ; dès ce soir si vous le voulez, nous pourrons commencer vos études.

ANINA.

Dès ce soir?

MADEMOISELLE CÉLINIE.

Dès ce soir, cela vous fait-il de la peine ?

ANINA.

A moi, de la peine !... au contraire, j'en suis ravie; mais.....

MADEMOISELLE CÉLINIE.

Qu'est-ce donc?

ANINA.

Mes sœurs pourront-elles partager mes leçons ; d'où vient que je ne les vois pas auprès de moi?

MADEMOISELLE CÉLINIE.

Madame la comtesse ne m'a pas fait connaître ses intentions à leur égard ; mais je présume qu'elles seront également comblées de ses bienfaits. Voyons, par quelle leçon commencerons-nous.

ANINA.

Je vous en conjure enseignez-moi ce que contient ce livre.

MADEMOISELLE CÉLINIE.

Le catéchisme !... vous avez le temps.

ANINA.

Il n'est jamais trop tôt pour connaître Dieu.

MADEMOISELLE CÉLINIE.

Sans doute ; mais vous allez vous trouver en présence d'une société dont vous avez besoin, avant tout, d'apprendre les usages.

ANINA.

Ne suis-je pas déjà, sans le connaître, en présence de Dieu.

MADEMOISELLE CÉLINIE.

Le plus pressé serait, je crois, d'étudier à fond votre langue, afin de la parler avec élégance.

ANINA.

J'aimerais mieux apprendre d'abord comment on parle à Dieu.

MADEMOISELLE CÉLINIE.

Si cette étude vous semble trop aride, nous pouvons commencer par une plus agréable, l'histoire par exemple. N'aimeriez-vous pas à savoir quels sont les divers peuples qui se sont succédés sur la terre, avec leurs mœurs, leurs guerres et leur cortége de grands hommes ?

ANINA.

L'histoire de Dieu lui-même, le tableau de sa grandeur et de sa puissance, n'est-il pas plus merveilleux encore.

MADEMOISELLE CÉLINIE.

Puisque vous avez beaucoup voyagé, vous devez être curieuse d'étudier les divisions des contrées et leur différents climats. Lorsque debout sur quelque sommet où votre caravane faisait halte, il vous est arrivé de promener vos regards sur la vaste étendue qui formait votre horizon, je suis sûre que, plus d'une fois, vous vous êtes surprise à vous demander quels peuples habitaient ces lieux et quels événements mémorables s'y étaient accomplis ?

ANINA.

Il est vrai, Mademoiselle, mais après avoir regardé à mes pieds les montagnes et les vallées, je finissais toujours par lever les yeux en haut ; je découvrais des espaces plus grands, de vastes plaines toutes parsemées d'étoiles, et mon esprit quittant la terre, n'avait plus qu'un seul désir, celui de connaître la puissance infinie qui gouverne les cieux.

MADEMOISELLE CÉLINIE.

Votre résolution, je le vois, est tout à fait arrêtée là-dessus. Vous voulez commencer par l'étude de la religion ?

ANINA.

Je vous en prie.

MADEMOISELLE CÉLINIE.

Je dois, ma chère Anina, soumettre cette décision à madame la comtesse.

ANINA.

Croyez-vous qu'elle puisse lui déplaire?

MADEMOISELLE CÉLINIE.

Je ne le pense pas. (Elle sort).

Scène VI.

ANINA, (seule).

Que je serais ingrate, ô mon Dieu, si après avoir reçu de votre seule bonté les moyens de m'instruire, je sacrifiais vos divins enseignements aux sciences de la terre, si je préférais l'approbation du monde à la vôtre ! non, Seigneur, Anina simple et docile ne se réjouit du changement apporté à son sort, que parce qu'il lui permet enfin de vous connaître.

Scène VII.

ANINA, MADAME RIBOLET.

MADAME RIBOLET (regardant Anina des pieds à la tête).

Enfin! chacun ses idées; mais celle-ci est par trop *élastique*!... Il n'y a plus à en douter, la voilà vêtue comme un reposoir et installée au château, ni plus ni moins que si Madame était véritablement sa mère.

ANINA (timidement).

Madame...

MADAME RIBOLET.

Je ne suis pas une dame, moi; et j'en rends grâce à Dieu, depuis que je vois certaines dames faire des folies... suffit.

ANINA.

J'ignorais qu'en vous appelant ainsi, je pouvais vous faire de la peine.

MADAME RIBOLET.

Qu'est-ce qui vous dit que ça me fait de la peine? Voilà-t-il pas qu'on ne pourra rien dire sans que cela soit interprété à mal; absolument comme chez le *dogue* de Venise.

ANINA.

Je suis loin d'interpréter à mal vos paroles, je vous prie seulement de ne voir aucune mauvaise intention dans les miennes.

MADAME RIBOLET.

Cela m'est bien... mais qui sait; nous aurons besoin

maintenant de nous faire un ami du premier venu!... tant il y a mademoiselle, que ce changement de fortune doit vous surprendre.

ANINA.

Oh! oui, beaucoup.

MADAME RIBOLET.

Il est assez *conséquent* pour cela ; mais on s'habitue vite à un pareil changement..... Hein?... vous n'avez pas l'air de vous en soucier.

ANINA.

J'en suis pénétrée de reconnaissance ; mais......

MADAME RIBOLET.

Mais quoi?

ANINA.

Je n'ai point vu mes sœurs depuis ce matin... ne peuvent-elles partager mon bonheur?

MADAME RIBOLET.

Rayez ça de vos papiers, Madame ne souffrira jamais qu'elles soient reçues dans une maison... honnête, je m'en flatte,.. pour y porter leur mauvaise éducation.

ANINA (les larmes aux yeux).

On voudrait m'en séparer!...

MADAME RIBOLET.

On vous donnera d'autres amies ; ce n'est pas ce qui manque aux gens riches!... Quant à vos deux sœurs, je ne vous conseille pas d'insister là dessus... Vous m'entendez... vos deux sœurs ne vous donneront pas de pain... et... chacun pour soi, après tout...

ANINA (à elle-même).

Ne plus les revoir!...

MADAME RIBOLET.

Vous voilà bien malade!.., changer une vieille cabane à jour contre un château, de mauvaises guenilles contre une robe de mousseline des indes, du pain noir contre une table chargée de bonnes choses!... soyez raisonnable!... (à part) la voilà qui pleure!... ma fine je suis au bout de mes sciences, il n'y a pas moyen après tout de faire mordre un agneau... Bon j'entends quelqu'un, c'est nos demoiselles... elles s'en acquitteront mieux que moi, sans qu'on leur donne le mot..... patience.

Scène VIII.

ANINA, MADAME RIBOLET, HÉLÈNE, ÉVELINE, FRANCIA, MARIE, ANNETTE.

ÉVELINE (entrant la première).

La chose est vraie, tout ce qu'il y a de plus vrai... venez voir.

HÉLÈNE.

C'est à n'en pas croire ses yeux : il faut que ma tante ait perdu l'esprit.

FRANCIA.

Cette petite mendiante!... vêtue comme nous!...

MARIE (s'approchant d'Anina).

Madame la comtesse nous a commandé, Anina, de vous compter désormais au nombre de ses filles adoptives. (Elle l'embrasse).

ANINA.

Je m'estimerai trop heureuse si vous voulez bien me permettre de vous nommer mes sœurs.

MARIE.

Avec grand plaisir.

HÉLÈNE. (faisant une révérence).

Ce sera beaucoup d'honneur pour nous.

ÉVELINE.

Effectivement; il n'est pas donné à tout le monde d'avoir pour sœur une petite bohémienne.

FRANCIA.

Ce matin encore couverte d'un sordide habit de gros drap brun.

HÉLÈNE.

D'ailleurs nous pourrons apprendre beaucoup dans votre compagnie.

ÉVELINE.

Notamment à chanter.

FRANCIA.

Franchement, ces vêtements ne vous gênent-ils point? Mademoiselle...... pardon, j'ignore le titre de M. votre père.

HÉLÈNE.

Mademoiselle de la plaine.

ÉVELINE.

Ou du grand chemin.

ANINA (d'un ton suppliant).

Oh!... Mesdemoiselles...

MARIE.

Est-ce ainsi que vous remplissez les ordres de votre tante?

ÉVELINE.

On ne vous parle pas, Marie.

ANNETTE.

Jarni! c'est que ça révolte, d'entendre parler comme ça.

HÉLÈNE.

Au train dont cela va, la maison va se transformer en un asile ; d'abord une orpheline très.. intéressante.

MARIE.

Mademoiselle!

ÉVELINE.

Secundo, une jardinière très... mal élevée...

ANNETTE.

Il n'y a jardinier ni jardinière qui tienne, on peut dire la vraie vérité partout.

FRANCIA.

En troisième lieu, une bohémienne très..... trouvez l'adjectif.

ÉVELINE.

Mettons très-étonnée de se trouver à pareille fête.

FRANCIA ET HÉLÈNE.

Ah, ah, ah!...

MADAME RIBOLET (à demi voix).

Ajoutez-y trois orgueilleuses du premier calibre; et s'il faut un *objectif*, mettez très-impertinentes.

ÉVELINE.

Que dites-vous?... madame Ribolet,

HÉLÈNE.

L'*objectif*, comme vous dites, est un peu bien insolent.

MADAME RIGOLET.

Il n'y a que la vérité qui offense (elle sort).

HÉLÈNE.

Cette femme n'est pas supportable ; elle se permet à notre égard des tons...

ÉVELINE.

De grâce, Hélène, laisse de côté cette femme ; ma tante en est engouée, n'essayons pas de détrôner cette vieille puissance du logis... plus tard... plus tard...

FRANCIA.

Oui, quand nous serons les maîtresses ici ; elle est ridicule avec son vilain costume à l'antique.

HÉLÈNE.

Que vous êtes ridicule vous-même, avec votre vanité. Voyons, que vouliez-vous dire, Eveline ?

ÉVELINE.

Écoutez... (se tournant du côté de Marie, Anina et Annette). Vous allez s'il vous plaît, vous retirer au fond de l'appartement ; j'ai quelque chose à dire à mes cousines.

ANNETTE.

C'est un peu vexant ça ! Je ne parle pas pour moi qui ne suis que la fille du jardinier ; mais pour ces demoiselles que Madame a dit qu'elles étaient autant comme vous.

ÉVELINE.

Non certes, elles ne sont pas autant que nous ; mesdemoiselles de Latour et de Nancé ne peuvent être comparées à deux petites créatures ramassées je ne sais où, par une charité imprudente. Retirez-vous, vous dis-je, ou nous allons vous céder le terrain.

MARIE.

Si madame la comtesse.....

ANINA.

Retirons-nous, retirons-nous.... ne sont-elles pas ic avant nous, ne sont-elles pas les nièces de notre bienfaitrice. (Elles se retirent dans le fond du théâtre).

ANNETTE (suivant Anina et Marie).

Ça se peut-il comprendre qu'une si bonne dame ait de pareilles guêpes dans sa famille.

ÉVELINE (après s'être assurée par un coup d'œil que personne ne l'écoutait).

Ecoutez bien...... ma tante, entre nous soit dit, commence à baisser.

FRANCIA.

On le voit à sa mise, sombre comme.....

HÉLÈNE.

Dieu !... Francia, taisez-vous ; vous me donnez sur les nerfs. Que disiez-vous, Eveline ?

ÉVELINE.

La faiblesse intellectuelle de notre tante se manifeste par la manie sentimentale de l'adoption ; elle en reviendra, mais les soins mêmes qu'elle aura prodigués à cette nuée de protégées l'obligeront à leur faire.... un sort... Et cela, vous le comprenez, diminuera d'autant notre part.

HÉLÈNE.

Evidemment.

ÉVELINE.

Nous en serons réduites à n'être que de pauvres demoiselles obligées, par économie, d'habiter la campagne.

FRANCIA.

Ce serait à mourir d'ennui.

ÉVELINE.

Il faut tâcher de prévenir un pareil malheur; ce n'est pas trop de la fortune de ma tante partagée entre nous.

HÉLÈNE.

Comment faire?

ÉVELINE.

Ma tante, selon toutes probabilités, doit tenir plus à nous qu'à une étrangère, elle ne peut nous renvoyer sans se brouiller avec nos familles, allons la trouver et signifions lui la résolution invariable de ne point avoir de communication avec cette petite malheureuse : qu'elle choisisse entre elle et nous.

HÉLÈNE.

Ma tante paraît y tenir beaucoup.

ÉVELINE.

C'est possible; mais qu'est-ce que cela nous fait? l'essentiel est que sa fortune nous reste.

HÉLÈNE.

Mais croyez-vous?

ÉVELINE.

Vous êtes singulière! pensez-vous qu'elle sacrifie sa

famille tout entière au désir de conserver cette petite.

HÉLÈNE ET FRANCIA.

Vous avez raison.

ANNETTE A ANINA.

Vous les entendez?

MARIE.

C'est ce qu'on verra; Madame est la maîtresse chez elle.

ANINA.

Mon Dieu! que leur ai-je fait?

ÉVELINE, FRANCIA ET HÉLÈNE.

On verra, on verra,
Vous prétendez à l'héritage,
Et nous le voulons sans partage;
On verra,
Qui de nous l'emportera.

HÉLÈNE.

Ce fier donjon, asile de la guerre,
Où nos aïeux régnèrent autrefois,
Verrait-il donc une vile étrangère
Sur ses créneaux nous disputer nos droits.
Non, non, mes sœurs, ah! reprenons courage,
Pulvérisons son espoir au berceau.

ANINA.

Quoi vous unir contre un faible roseau,
Que sans effort brise le moindre orage.

MARIE ET ANNETTE.

On verra, on verra,

Vous pensez à l'héritage,
Et le voulez sans partage ;
On verra,
Oui, Madame, jugera (Eveline, Hélène et Francia sortent).

ANINA.

Elle vont se plaindre.

ANNETTE.

Dame ! si elles se plaignent, Madame ne les croira pas sans nous interroger, nous lui dirons la vérité, nous autres.

ANINA.

Notre bienfaitrice les aime, elles sont ses parentes, ne l'affligeons point par le spectacle de nos divisions.

MARIE.

Mais si elles commencent ?

ANNETTE.

Faut-il donc comme des moutons, se laisser couper la laine sur le dos.

ANINA.

Tâchons de nous justifier sans les accuser. Hélas ! elles ont raison, que suis-je, moi, pauvre enfant, pour être admise à partager leurs études !..... Croyez-moi au lieu de les irriter encore, par des plaintes à madame la comtesse ; essayons de les calmer par la déférence et la douceur.

MARIE.

Ah ! si elles vous ressemblaient.

ANNETTE.

Autant vaudrait entreprendre de civiliser des loups.

Scène IX.

ANINA, MARIE, ANNETTE, LA COMTESSE, LA MARQUISE.

LA COMTESSE.

Eh bien, mes chères enfants, comment vous trouvez-vous de votre réunion?

MARIE.

Oh! très-bien, madame, Anina est si gentille!

ANNETTE.

C'est bien celle-là qu'est la vraie brebis du bon Dieu.

LA COMTESSE.

Et toi, Anina, tu ne dis rien; connais-tu déjà quelques personnes ici.

ANINA.

Oui, madame. Outre Annette et Marie, j'ai vu mademoiselle Célinie qui m'a promis de me donner des leçons.

LA MARQUISE.

Et madame Ribolet?

ANINA.

Oui madame.

LA COMTESSE.

Mes nièces sortent d'ici; t'ont-elles bien accueillie.

ANINA.

Aussi bien que je pouvais l'espérer.

LA MARQUISE.

Ainsi tu n'as à te plaindre de personne.

ANINA.

J'aurais grand tort, et si vous daignez permettre, madame, que mes sœurs...

LA COMTESSE.

Ne t'inquiète pas, j'aurai soin d'elles.

ANINA (lui baisant la main).

Oh! merci, madame, merci, je n'ai plus aucun désir à former.

LA COMTESSE.

Chère enfant.

LA MARQUISE.

Allez prendre l'air un moment sous la salle d'ombrage, mes petites amies, j'ai quelque chose à dire à madame de Latour.

Scène X.

LA COMTESSE, LA MARQUISE.

LA MARQUISE.

Eh bien?

LA COMTESSE.

Plus j'étudie cette enfant, plus je m'y attache, plus j'étudie mon propre cœur moins je comprends la sympathie irrésistible qui m'entraîne.

LA MARQUISE.

L'épreuve n'est pas encore finie.

LA COMTESSE.

Je n'ai pas le courage de l'affliger.

LA MARQUISE.

Il le faut; si la religion est le sceau du cœur, la reconnaissance en est la pierre de touche.

LA COMTESSE.

Faites donc.

LA MARQUISE (appelant).

Zoé!

ZOÉ.

Que demande Madame?

LA MARQUISE.

Faites entrer les deux bonnes femmes.

Scène XI.

LA COMTESSE, LA MARQUISE, JUDITH, ÉLISABETH, ÉVA, ALIZIA.

LA COMTESSE.

Approchez, Élisabeth, et vous aussi, Judith, je vous avais promis pour ce soir une décision relativement à notre petite Anina.

ALIZIA.

Oh! que le temps me dure de la revoir.

JUDITH.

Chut! Ainsi, madame y a songé?

LA MARQUISE.

Oui, mon amie accepte l'offre que vous lui faites de garder Anina; il ne reste plus qu'à savoir quelles sont vos conditions?

JUDITH.

Nos conditions?

LA MARQUISE.

Oui, le prix que vous mettez.....

ÉLISABETH (vivement).

Oh! madame, croyez-vous qu'on élève une enfant pendant dix années pour la vendre ensuite!

LA MARQUISE.

La vendre n'est pas le mot ; mais les soins que vous avez pris d'elle méritent une récompense.

JUDITH (à part).

Voyons où elles en veulent venir. (Haut) Madame ne ne nous doit rien ; qu'elle aime Anina comme nous l'aimions, tout sera dit?

LA MARQUISE.

Mon amie n'a jamais laissé partir de pauvres gens sans leur faire l'aumône. Tenez, vous trouverez dans ce portefeuille de quoi pourvoir à vos besoins les plus pressants ; mais c'est à la condition que vous allez partir de suite, et que vous ne chercherez pas à revoir Anina passé ce jour.

JUDITH (à part).

Ah ah !

ÉLISABETH.

Hélas !

ÉVA.

Ne plus la revoir !

LA MARQUISE.

Ma chère enfant, il faut vous mettre dans l'idée

qu'Anina une fois adoptée, ne peut plus avoir la moindre relation avec vous ; votre intimité pourrait lui faire le plus grand tort dans le monde.

ALIZIA.

Nous l'aimions pourtant de tout notre cœur.

ÉLISABETH.

Ah ! madame, ce que vous me dites est bien dur !

LA MARQUISE.

C'est une nécessité malheureuse à laquelle vous devez vous soumettre dans l'intérêt d'Anina. Prenez (Elle tend le portefeuille à Judith).

JUDITH (prenant le portefeuille).

Cent fois merci, madame ; mais au moins nous permettrez-vous d'embrasser une dernière fois Anina avant notre départ.

LA MARQUISE.

Rien de plus juste ; nous allons vous l'envoyer.

Scène XII.

JUDITH, ÉLISABETH, EVA, ALIZIA.

ÉLISABETH.

Hélas ! Judith, voilà donc ce bonheur que vous m'aviez prédit si longtemps ?...

JUDITH.

Il faudra voir !...

ÉLISABETH.

Oh ! madame la comtesse, savez-vous ce que c'est

qu'une âme douce et pure ? Savez-vous ce que c'est que dix années de tendresse et de soins maternels !... Vous croyez pouvoir payer tout cela avec de l'or... vous vous trompez... un peu d'affection, un peu de reconnaissance vous acquitteraient envers moi ; les trésors du Nouveau-Monde ne le feraient pas.

JUDITH.

Laissez faire, Elisabeth ; si elle impose à notre Anina l'ingratitude pour premier devoir, j'ai le moyen de la punir.

ÉLISABETH.

Elle ! la comtesse ?

JUDITH.

Je partirai..... mais, avec son portefeuille, j'emporterai mon secret.

ÉLISABETH.

Quel secret ?

JUDITH.

Chut ! voici Anina.

ÉVA.

Pourra-t-elle consentir à se séparer de nous ?

JUDITH.

Tais-toi. Peut-être éblouie du luxe qui l'entoure, n'est-elle plus la modeste Anina que vous connaissiez.

Scène XIII.

LES MÊMES, ANINA.

ANINA.

Enfin, je vous retrouve, enfin je vous revois ; ah !... mère, vous m'avez oubliée bien longtemps.

JUDITH.

Ce n'est pas notre faute, mademoiselle Anina.

ANINA.

Mademoiselle !... dites-vous, Judith, comment ? C'est moi que vous appelez ainsi ?... Mais que signifient ces airs consternés ?..... Eva, Alizia, on dirait que vous pleurez ?

ÉVA.

Il y a bien de quoi.

ANINA.

Que veux-tu dire ?

JUDITH.

Elle veut dire, Anina, que nous vous faisons nos adieux...

ANINA.

Vos adieux !

ÉLISABETH.

C'est madame la comtesse qui l'exige.

ANINA.

Madame la comtesse l'exige !

JUDITH.

Est-ce que vous ne le saviez pas ?

ANINA.

Mais c'est impossible, impossible... nous séparer !... pour premier bienfait, m'arracher mes sœurs.

ÉLISABETH.

Madame la comtesse assure votre avenir ; vous serez heureuse.

ANINA.

Heureuse loin de vous, heureuse sans vous !... avez-vous pu le croire ? ô ma mère, consentirez-vous à vous séparer de votre enfant ?

JUDITH.

Elisabeth vous laisse au sein de l'opulence, c'est pour elle une consolation, voyez les vêtements qui vous couvrent, pensez à ceux que vous portiez ce matin.

ANINA.

Pour de riches habits, puis-je vendre l'affection qui a soigné mon enfance ?

JUDITH.

Il le faut.

ANINA (à Élisabeth).

Ma mère !

ÉLISABETH.

Hélas ! chère enfant, je t'aime comme si tu étais ma fille, et mon cœur est déchiré, mais... songe à notre misère.

ANINA.

Rien ne peut nous séparer ; cette dame est bonne,

j'irai la trouver, je pleurerai à ses genoux, et si sa résolution est inébranlable, nous nous remettrons encore une fois entre les bras de la Providence. Ma mère, ne cédons pas nos amis, toute la fortune de la terre ne peut nous en procurer d'autres !... Eva, Alizia... dites-le lui avec moi.

ÉVA.

Pourrions-nous vivre sans espérance de la revoir jamais ?

ALIZIA.

O mère, mère... ne nous séparez pas.

ÉLISABETH.

Consentirais-tu à quitter ces magnifiques habits pour la pauvre livrée que tu portais ce matin ?

ANINA.

Cette pauvre livrée est celle qui protégea les jours de mon délaissement, je n'en rougirai pas..... Non, ma mère, non mes sœurs, Anina n'est pas une ingrate ; la voici prête à partager avec vous sa nouvelle fortune ou à reprendre avec vous le bâton de voyage ; nos destinées sont inséparables comme notre enfance l'a été sur vos genoux et dans votre cœur. (Elle prend la main d'Eva, celle d'Alizia, et dit en les pressant dans les siennes) Je saurai remplir mon devoir... ensuite... que la volonté de Dieu s'accomplisse. (Elle sort).

ÉVA.

Je vous disais bien qu'elle n'y consentirait pas.

ELISABETH.

Où va-t-elle?

JUDITH.

Nous verrons.

Scène XIV.

Les mêmes, LA COMTESSE, LA MARQUISE, puis MADEMOISELLE CELINIE, MARIE, ANNETTE.

LA COMTESSE.

Vous venez de voir Anina, ma chère Elisabeth, vous lui avez fait vos adieux.

JUDITH.

Nous nous sommes conformées à vos intentions, madame.

LA COMTESSE.

Vous pleurez ?

JUDITH.

Pardonnez-lui, madame la comtesse, elle a soigné cette enfant pendant dix années, il lui est pénible de s'en séparer à jamais.

LA MARQUISE.

Où est-elle maintenant ?

JUDITH.

Je ne le sais pas, madame.

LA MARQUISE.

N'êtes-vous pas satisfaite de la récompense que vous a offerte mon amie ?

JUDITH.

Madame la comtesse est bien généreuse ; mais il est des obligations que la reconnaissance peut seule acquitter.

LA COMTESSE (à part).

Elle a raison ; nous jouons un jeu cruel.

MADEMOISELLE CÉLINIE (entrant avec Marie et Annette).

Voici mesdemoiselles vos nièces qui viennent vous parler, madame : je ne sais ce qu'elles veulent ni ce qu'elles méditent, mais il est impossible que Marie reste plus longtemps exposée à leurs injures. C'est à n'y pas tenir.

LA COMTESSE.

Nous allons leur parler, ma chère Célinie, elles ont peut-être quelque requête à me présenter. Je ne puis, dans tous les cas, refuser de les entendre. Les voici, je crois ; non, c'est Anina.

Scène XV.

LES MÊMES, ANINA. (Elle est vêtue comme dans le premier acte).

TOUTES.

Anina !

LA COMTESSE.

Pourquoi ce costume ? que veux-tu faire ?

ANINA (se jetant aux genoux de la comtesse).

Vous m'avez comblée de vos bienfaits, madame, et

mon âme en a été profondément touchée ; je ne demandais à Dieu que de vouer ma vie entière à votre bonheur, il en a peut-être décidé autrement. O madame, voyez cette pauvre femme, cette bonne Judith, ces jeunes filles !... Ce sont mes sœurs, c'est ma mère, c'est ma plus ancienne bienfaitrice ; je leur dois tout, jusqu'à la vie qu'elles m'ont conservée..... Pourriez-vous, vous dont le cœur est si généreux, exiger de moi l'oubli de tant de tendresse, l'ingratitude me rendrait-elle agréable à vos yeux ?

LA MARQUISE.

Avez-vous bien réfléchi à ce que vous dites ?

ANINA.

Voyez leurs larmes !..... Ai-je besoin d'une longue réflexion pour vouloir les sécher.

LA COMTESSE (avec transport).

Cœur d'ange ! non, ma chère Anina, tu ne quitteras point les compagnes de ton enfance ; pardonne-moi, j'ai voulu t'éprouver. Mais une enfant comme toi est un trésor, et je ne prétends pas le céder non plus ; mon château est assez grand pour vous recevoir toutes, tes sœurs partageront tes études et mes bienfaits..... Je ne te demande en échange que ton amitié ; toi seule peux me faire oublier ma pauvre Marguerite.

ANINA.

Marguerite !... Marguerite !...

LA COMTESSE.

Hélas ! c'était ma fille unique et c'était aussi mon unique espoir ; tu me consoleras de sa perte, n'est-ce pas ? Tu es telle qu'elle aurait été ou du moins telle que je l'aurais désirée !..... (Elle embrasse Anina et tend la main à Elisabeth).

JUDITH.

Tout ceci n'était donc qu'une épreuve, tant mieux alors, car, je l'avoue, je commençais à ne trop savoir que penser.

LA COMTESSE (lui tendant la main).

Vous me pardonnerez en faveur du motif les pleurs que je vous ai fait répandre.

JUDITH.

C'est déjà pardonné, madame. Eh bien, Elisabeth, m'étais-je trompée ?

ÉLISABETH.

Il faut, comme on le dit, que vous soyez sorcière.

JUDITH.

Ma sorcellerie n'est pas difficile ; veuillez, mesdames, m'écouter un instant ; puisque madame la comtesse veut adopter Anina, il est juste qu'elle en connaisse l'histoire.

LA MARQUISE.

Assurément.

JUDITH.

Si l'occasion de répandre des bienfaits ne manque jamais aux cœurs généreux, l'occasion de s'acquitter ne manque jamais aux cœurs reconnaissants. Vous m'aviez sauvé la vie, madame, en m'éloignant de vous j'emportais l'espoir de vous rendre un jour service pour service.

LA COMTESSE.

Vous vous êtes acquittée en me donnant ma chère Anina.

JUDITH.

Deux jours après mon accident, nous nous étions arrêtés dans un faubourg de la ville voisine ; un soir, un des nôtres rentra, portant dans ses bras un enfant vêtu avec magnificence ; il l'avait pris de force à une jeune fille qui le promenait dans la campagne et l'avait déjà dépouillé des bijoux dont sa mère l'avait paré..... Cet enfant, c'était Anina !

ANINA.

Moi ?

LA COMTESSE.

Ciel ! mais alors... en quelle année ?

JUDITH.

Je pris l'enfant et je la confiai à une jeune femme, la pauvre Delie, pour qu'elle lui donnât ses soins. Quant à moi, je conservai ses vêtements dans l'espoir de la rendre un jour à sa famille.

LA COMTESSE.

Achevez, achevez, Judith !... ô Marguerite... Marguerite !...

ANINA (dans le plus grand trouble).

Marguerite ?... ce nom... je me souviens...

LA COMTESSE.

Tu te souviens ?...

ANINA.

C'était moi qu'on appelait ainsi.

JUDITH.

Oui, c'était elle, et voici les vêtements qu'elle portait. (Elle présente à la comtesse des langes d'enfant).

LA COMTESSE (serrant Anina dans ses bras).

Ah ! je n'en puis douter ! mon cœur me l'avait dit avant vous; Merci, mon Dieu, j'ai retrouvé ma fille.

JUDITH.

Je vous l'avais bien dit qu'un bienfait ne reste jamais sans récompense.

LA MARQUISE.

Je vous félicite, chère amie, non-seulement de ce que vous retrouvez contre toute espérance, cette fille que vous aviez perdue, mais encore de ce que vous la retrouvez digne de vous.

LA COMTESSE.

Mais je ne m'explique pas, bonne Judith, pourquoi vous m'avez laissée pleurer si longtemps.

JUDITH.

J'étais loin de la France quand j'appris le nom de la mère d'Anina, j'étais trop pauvre pour entreprendre seule un long voyage, j'ai dû attendre ; mais j'ai veillé sur elle avec une sollicitude de mère pour vous la rendre un jour.

LA COMTESSE.

Ah ! ce jour est le plus beau de ma vie.

ANINA.

O maman !...

Scène XVI.

Les mêmes, MADAME RIBOLET, HÉLÈNE, ÉVELINE, FRANCIA.

MADAME RIBOLET (derrière le théâtre).

Elle est ici, mesdemoiselles, entrez et parlez-lui tout à votre aise.

LA MARQUISE.

Voici vos nièces.

LA COMTESSE (aux trois demoiselles).

C'est moi que vous cherchez, mesdemoiselles, que me voulez-vous ?

ÉVELINE.

Ma chère tante, nous venons vous présenter une petite requête, certaines d'avance que vous ferez droit à nos justes réclamations.

LA COMTESSE.

Si elles sont justes, Eveline, j'y ferai droit avec plaisir.

ÉVELINE.

Veuillez ne voir dans notre démarche qu'une preuve de notre attachement à votre personne.

LA COMTESSE.

Voilà bien des préambules, ma chère, venez droit au fait, je vous prie.

ÉVELINE.

Vous savez, ma chère tante que, fières de vous appartenir, nous avons quitté nos familles pour vous faire autant que nous le pouvions oublier vos chagrins; placées sous vos auspices, nous espérions, à l'école de vos vertus, nous rendre dignes de porter votre nom.

LA COMTESSE.

Ces sentiments sont au-dessus de tout éloge.

ÉVELINE.

Cependant, vous l'avouerai-je, depuis quelque temps cette affection maternelle, qui nous rendait si heureuses, semble s'être détournée de nous pour se reporter toute entière sur des inconnues... ne soyez pas offensée de notre franchise.

LA COMTESSE.

Et qu'est-ce qui vous fait supposer, Éveline, que mon amitié a passé de vous à elles?

ÉVELINE.

L'affection, ma chère tante, ne se subdivise pas à l'infini; et, de même que nous n'aurions jamais consenti à donner à une autre les doux noms de tante et de mère, nous ne pourrons jamais nous habituer à compter d'autres sœurs que celles qui vous sont attachées par les liens du sang.

ANNETTE (à part).

Oh! la langue dorée!

LA COMTESSE.

Ainsi vous exigez que je renvoie Anina et Marie?

ÉVELINE.

Nous tolèrerons Marie pourvu qu'on fasse disparaître toute apparence d'égalité entre nous.

MADAME RIBOLET.

Allons!... madame n'est plus la maîtresse.

LA COMTESSE.

Ah! vous tolérerez Marie, c'est fort heureux. Mais à la pauvre Anina ne lui accordez-vous donc ni merci, ni pitié?

ÉVELINE.

Ma tante, ces mots sont trop durs pour qu'on vous les prête ; seulement nous venions vous faire observer que les lois de la nature et celles du bon sens s'opposent également à ce qu'une étrangère vienne partager la maison paternelle avec l'héritière véritable.

LA COMTESSE.

Vos cousines pensent-elles comme vous?

HÉLÈNE ET FRANCIA.

Tout à fait, ma tante.

LA COMTESSE.

C'est bien, mesdemoiselles, vous avez raison ; l'héritage paternel ne doit point passer en des mains étrangères. Reconnaissez dans Anina cette Marguerite que j'ai perdue si jeune, que j'ai pleurée pendant si longtemps ; j'allais peut-être, par une délicatesse mal entendue, remplir envers vous des promesses qui ne me tient plus ; mais vous l'avez dit, la nature et le bon sens s'opposent également à ce que les étrangères partagent la maison paternelle avec l'héritière véritabl. Préparez-vous à retourner dans vos familles.

ÉVELINE, HÉLÈNE ET FRANCIA.

Anina, votre fille!...

ANINA.

Maman, ce jour doit être un jour de joie sans mélange, pardonnez-leur.

LA COMTESSE.

Non ma fille, je ne le puis. Cachée dans ce cabinet, j'ai assisté, invisible témoin, à tout ce qui s'est dit dans cette chambre. Je t'ai connue et ces demoiselles aussi : ta reconnaissance envers ta mère adoptive t'a ouvert mes bras, leur ingratitude envers moi les rend indignes de pardon. Qu'elles réfléchissent à l'odieux de leur conduite et qu'elles n'attribuent qu'à elles seules la disgrâce qui les frappe aujourd'hui. Toi, ma fille chérie, viens revoir avec ta mère les lieux où s'écoulèrent tes premières années; je le sens, tu vas me dédommager au centuple de tout ce que j'ai souffert loin de toi; tu as été reconnaissante, tu seras bonne fille, compagne aimable, tu feras le bonheur de tout ce qui t'entourera, car, ainsi que madame la marquise me le disait ce matin, *si la religion est le sceau du cœur, la reconnaissance en est la pierre de touche.*

FIN DES BOHÉMIENNES.

. Paris. — Typ. Nouvelle. — Vrayet de Surcy, rue de Sèvres, 37.

EN VENTE A LA MÊME LIBRAIRIE :

ATLAS HISTORIQUE
COMPOSÉ DE 106 TABLEAUX
FORMANT UN COURS COMPLET D'HISTOIRE
Par Mme DUBOIS,
Ex-maîtresse de Pension.

Un vol. in-f°. — Prix : 15 fr. broché ; 17 fr. cartonné.

Ouvrage approuvé par Mgr l'évêque de Dijon.

LE LIVRE DE LA VERTU
par M. l'abbé MITRAUD.
1 vol. in-12, 1 fr. 25 c.

LE MÊME. Edition de luxe. Avec prières et méditations. Augmenté de la Messe et des Vêpres, 1 vol. in-18.

Reliure bas. ordinaire, tranche marbrée	1	50
Reliure chagrinée, tr. dorée,	2	» »
Reliure chagrin, tr. dorée,	3	» »

CIVILITÉ
A L'USAGE DE L'ENFANCE
Par RAMBOSSON
Un volume in-18, piqué, rogné, 20 c.

Nouveau Paroissien Romain, avec l'accentuation du latin, contenant les offices de tous les dimanches et principales fêtes de l'année, en latin et en français ; les offices de la Semaine Sainte, les hymnes anciennes et nouvelles, et le Commun des Saints ; nouvelle traduction par M. Favres, vicaire-général d'Arras, approuvé par Mgr Parisis, évêque d'Arras, in-32 raisin.

Reliure anglaise, tranche marbrée.	1	60
Reliure anglaise, tranche dorée.	2	» »
Reliure gauffrée, filets sur plat, tranche dorée.	2	50
Chagrin, ornements à froid, tranche dorée.	3	» »

Collection de 25 éditions différentes de Paroissiens dans tous les genres de reliure et dans tous les formats, à des prix très-modérés.

www.ingramcontent.com/pod-product-compliance
Lightning Source LLC
Chambersburg PA
CBHW050429170426
43201CB00008B/599